する、しない。

伊藤まさこ

PHP研究所

はじめに

YES、NO。
あっちか、こっちか。
好きか、きらいか。

はっきりと、どちらかに決めたいタイプです。

「なぜ、あなたは1か0しかないのか」とか、
「人には、どっちでもいいということもあるんだよ」とか。

時おり、近しい人にこう言われることもあって、
ふーん、そんなものなのかぁ、
とぼんやり思ったりもするのですが、
そこは持って生まれた性格。
なかなかどっちでもいいという境界線には立てず、
北か南か（もしくは西か東か）になるのです。

考えてみると、
私たちの毎日は「する」「しない」に溢れている。
朝は、コーヒー、それとも紅茶？
スカート、それともワンピース？

どんなにささいなことでも、
どちらかをえらばないと先には進めません。

この本では、
私の毎日の習慣を、
「する」と「しない」に分けました。

家のこと、
仕事のこと、
これからのこと。
それから、それから……。

本を読みながら、
あなたにとっての「する」「しない」を
書き出すとおもしろいかも。
私がそうであったように、
知らない自分を知ることができる、
いいきっかけになるはずです。

伊藤まさこ

する、しない。

もくじ

玄関を結界に

先日、初めてお会いした方から「伊藤さんって玄関を毎日拭くんでしょ？」と聞かれました。雑誌か何かの記事で読んだみたい。そう。玄関の掃除を毎日するのは長年の私の日課です。

私が「神社」と呼んでいる友人宅も、毎日、玄関を拭き掃除するとか。おかげでいつ訪れても、すっきりきれい。神聖な空気さえ漂っています。「玄関は家の結界のような場所だから、きれいにしておけば変な〝気〟は入ってこないはず」なーんて言っていましたが、それってすごくうなずける話。

以来、私もただ掃除をするのではなくて、真剣に、よりていねいに玄関掃除をするようになりました。家族が気持ちよく出かけていったり、帰ってきたり。また、人を迎えるのも玄関。玄関は家の顔。小さなスペースですが「結界」と考えるとおざなりにはできません。

さて掃除の方法ですが、ふだんはこんな風にほうきでさっと掃き、すみっこにある埃もすべてとります。ちょっと汚れてきたかな、と感じたらかたく絞った布でさっと拭く。毎日、ごしごし拭いていた時期もありましたが、玄関の床材がモルタルとなった今は、これくらいで十分みたいです。

脱ぎっぱなしの靴が数日放置、なんていうのは言語道断。履いたら手入れをしてしまいます（104頁）。唯一許しているのは、郵便受けやごみを捨てに行く時に履くダンスコのパテントシューズ。ころりとかわいいこの靴は、玄関を守るお守りのような存在です。

玄関掃除のタイミングは１日の始まりの朝。朝起きたら顔を洗うのが習慣なように、玄関掃除も習慣にしてしまえば苦にならない。右に置いたコンソールテーブルは床材に合わせて黒に。その上が鍵の定位置。

お客さまはふたりまで

テーブルには、人数分のグラスや皿を用意。気軽な集まりでも、折敷とアイロンのかかったリネンのナプキンは必ず用意。グラスもピカピカに磨きます。肩の力を抜きつつ、きちんとするところはきちんと。

コロナ禍を経験して、変わったことを挙げればキリがないのですが、私の場合、一番の変化は人とのつき合い方でした。

我が家は、もともと友人知人が多く集まる家でしたが、レストランの人数制限をきっかけに、お客さまはふたりまでに限定。そのほうが準備も楽だし、会話もあっちに飛んだりこっちに飛んだりせず濃密にできる。飲んだ後の片づけも楽、といいことづくしです。

60代の友人夫婦も「お客さまはふたりまで」を実施中。以前は、仕事仲間を大勢呼んで（その数30人以上とか！）バーベキューパーティをしていたそうですが、今は親しい人だけを招くことにしたのだとか。

つい先日も「おいしい赤ワイン開けるから、4時頃からどう？」なんてお誘いを受けていそいそとご自宅にうかがうと、テーブルに用意されていたのは、軽くつまめるチーズとドライフルーツ、近所で調達したという焼きたてのパン。

それらをワインと一緒につまんだら、メインの煮込み料理へと、とてもカジュアル。お客さまが来るからと、朝から買い物して準備して、夕方にはヘトヘト……となるのではなく、あくまでもいつもの暮らしの延長。おふたりの日常にちょっと参加させてもらう、といった感じで、招かれたこちらもリラックスできたのでした。これから状況がどう変わっていくかわからないけれど、このこぢんまりとした感じ、かなり気に入っています。

重い鍋は使わない

スタイリストという仕事柄、器や台所道具を見る機会がとても多い。多いから、増える。とくに鍋が好きで、旅先のマーケットで、取材で訪れた窯元で、京都の台所道具屋で、街の荒物屋で……と運命的な出合いをするたびに、抱えて帰ってきたものです。

形や質感に惚れ込んでというのにくわえて、鍋を通して作られた土地土地の食文化が垣間見られるところもまた魅力。「この料理はこれでないと」という、それ専門の鍋があると、つい欲しくなってしまうんです。

私の場合、「仕事だから」という言い訳がしやすい環境にある（?）ことも手伝って、ハタと気がつくと50個を超す大鍋持ちになっていたのでした。

ところが50歳を過ぎた頃、ある壁にぶつかりました。今までふつうに使っていた鍋が、重い。とにかく重い。20年ほど前に、母から大きな鋳物琺瑯の鍋を「重いから」という理由で譲り受けたのですが、ここにきてやっと母の気持ちが理解できました。

それでどうしたかというと、大きくて重い鍋は30代の友人たちのもとへ。鍋として生まれてきたからには、やっぱり毎日使ってあげたいですから！　私はというと、日々の料理はもっぱらアルミの打ち出し鍋になりました。手首も痛くならないし、よっこらしょという気合いももういらない。なにより気持ちが軽い。今、手持ちの鍋は20個ほどになりましたが、おかげで台所にもゆとりができました。年を取るのも悪くないものですねぇ。

京都の WESTSIDE33で少しずつ揃えた打ち出しの鍋。軽いのはもちろん、使い勝手も抜群。そして何より美しい。私にとって毎日使う道具は「美しさ」も重要なのです。

ものを死蔵させない

金継ぎは漆作家の田代淳さんにお願い。うっかり割ってしまっても、悲しい思いをしないで済むようになったのは彼女のおかげ。

引っ越しの時は、荷作りをすべて引っ越し業者におまかせします。とにかくやることが山積みの引っ越しですもの、お願いできることはお願いして、自分への負担を減らすことにしています。

楽をしたいのではなく、無理をしない。張り切り過ぎて、翌日寝込んでしまったのでは（もしくはぎっくり腰になったとか）新しい暮らしも台無しですものね。

さて、数年前の引っ越し当日。器を包むのだけでも5〜6時間は要したでしょうか。たくさんあって大変でしょう？　と聞くと、「いえいえ。きちんとカテゴリー分けされているから助かります！」と頼もしい返事が。なんでも作業で一番手間取るのが、用途が分からないものや、カテゴライズされていないものがたくさんあること、なのだとか。

そういえば……と見回すと、我が家の荷物は、食器、台所道具、本、服や靴、家具、家電それ以外のものは5パーセントくらい。以上。単純明快です。

何をどれだけ持っているかを把握しておくと、気持ちが楽。時々「それって大変じゃない？」なんて聞かれたりもしますが、いえいえそんなことはありません。ものを死蔵させておくほうが、ものも、またそれを置いているスペースももったいない、そう思っているのです。

家の中で、ことに目を光らせているのが食器棚。料理を盛る器は、つねに清潔にしておきたいし、せっかく気に入って揃えた器ですもの、ちゃんと使いた

17

作家のもの、古いもの、旅先で見つけたもの、海辺で拾った小石……小引き出しの一段は箸おき専用。小さな器に入った様子がかわいらしく、時々開けてはひとりにやにや眺めています。

い。我が家の食器棚は、奥行きが深いので、手前のものを奥にやったり、または奥のものを手前に持ってきたり。上下の移動も頻繁です。

食器棚の中を見回す時は器の状態をチェックします。欠けたものはよけておき、ある程度たまったら金継ぎへ出します。ここ最近のヒットは、少しだけひび割れたり、洗っても取れないシミがついた小さめの湯呑みを箸おき入れにしたこと。もともとはポリプロピレンの容器に小分けしていましたが、こちらのほうがだんぜん見た目に美しい。この箸おきが入った小引き出しを開けるたび、ひとり悦に入っています。

出番の少なくなった器も金継ぎ待ちの器同様よけておき、家に遊びにきた友人たちに、気に入ったものを持って帰ってもらいます。この器が、あの家にあると思うとうれしいし、何より無駄にならない。割れたら、または使わなくなったら捨てるのではなく、修理したり、新しい持ち主を探す。そうすることで、今、食器棚に入っているのは使っている器だけになる、というわけ。

私の友人は、1年に1度、食器棚にある器をすべて出し、使うものと使わないものに分けて、(もちろん棚板をきれいに拭き)見直すことにしているとか。たしかに持っているものを可視化するとよりいいのかも……と思いつつも、これを全部出すのか……とちょっとひるんじゃう。私もまあまあきれい好きなほうだと思うけれど、上には上がいるものだなぁと感心しています。

上／我が家の食器棚。年を重ねるごとに、洋食より和食が多くなってきたことから、使う器も和食器中心に。

下／使わなくなった器はこうしてまとめておき、友人知人にもらってもらう。愛着があった器も、あの人のところにあると思うと、なんだか安心。

飲みものは
ご自由に

飲みものの手前には、人数分のグラスやカップを置いておきます。陶器や磁器、ガラスなどなど、質感や色合いを考えながら、それぞれの飲みものにぴったりなものをえらびます。

友人がごはんを食べに来たり、撮影でスタッフが訪れる時は、ダイニングテーブル脇のカウンターに、水やお湯、お茶などを用意しておき、そこから各自飲みたいものをえらんでもらうことにしています（夜はお酒も並びます）。

一度来た人は、このシステムをすっかり心得ていて、飲みたいタイミングで自分のカップやグラスに注いで定位置へ。料理をしたり、撮影の準備をしている時は、みんなの飲みものまで気が行き届かない。さりとて飲みものが足りなくて物足りない思いをさせても。……いろいろ考えて今の形に落ち着いたというわけです。

このドリンクバー、気を遣っているのがポットやピッチャー、グラスなどの並びをよくすること。だってほら、せっかくならば美しいほうがいいでしょう？　それから温度。左のガラスのポットはキャンドルで温めているので「ほの温かい」といった感じ。真ん中のポットは、熱々のお湯やほうじ茶を。右の浄水器に入れているのは常温の水。その時の体調や気分によって飲みたい温度はちがうもの。中に入れるものだけでなく、温度の違ったものを用意しておけば安心です。

夏はここに氷の入った大きなバケツが加わります。ビールや白ワイン、カヴァの瓶を入れておけば大人のドリンクバーに。気兼ねのいらないもてなし、どうやらみんな喜んでくれているようですが、じつは私が一番、気に入っています。楽ちんが一番ですから！

午後は　ごはんを食べない

ごはんが好きです。

そう書いたら、ピンポーン。2カ月に1度、宅配をお願いしている新潟のお米農家から、荷物が届きました。気持ちが通じたのかしら？　食べものへの念は強いタイプです。

できれば朝昼晩、ごはんを食べたいのですが、数年前から夜たくさん食べると、翌朝体が重い。これが噂に聞いていた「代謝が落ちる」というやつか。年上の友人たちから聞いて覚悟はしていたものの、とうとう自分にもきたのだなぁ。

お酒も飲むし、甘いものも好き。そしてごはんが好き……とくれば、太らないはずはない。夕方5時からの晩酌は、1日のうちで一番の楽しみだし、撮影や原稿書きで疲れた時のおやつは外せない。となるとごはんを我慢？　こんなに好きで好きでたまらないのに、全く食べないなんて辛すぎる。

その代わり、朝は好きなだけ食べていいというのがマイルール。たとえば今朝は豚汁とごはん。昨日は、ほうじ茶とおにぎりを3つ。明日は玄米じゃこチャーハンにしようかな。午前に食べるごはんは私の活力。これがないと1日が始まりません。

それから数カ月。時々、夜にお鮨を食べる時もあるけれど、ルールを守っていたら、お腹がややすっきり。重たい感じもなくなって、この方法正解でした。無理はできないし長続きしない。ゆるーくながーくがいいみたい。

炊きたてごはんと豚汁の朝ごはん。ごはんは白米以外に、押し麦や黒米を混ぜて炊くことも。

出汁をとる

フランス料理のフォンなどから考えたら、日本の出汁はとるのが簡単。それどころかお出汁をひいている最中の、あの幸せな香りはどんなアロマオイルよりも私にとって癒《いや》しの効果があるんです。しかもいいお出汁があれば、料理が格段においしくなるんだから、めんどくさがらずどんどんとろうではありませんか！　と声を大にして言いたい。

そんな出汁ラバーの私が月に1度行くのが築地の鰹節屋。なんと朝5時からやっているというその店では、削りたての茶色いふわふわーっとした鰹節が木の箱に入って並んでいるんです。陽の光を浴びたその光景は神々しくもあります。

この店の鰹節、茶色い袋に入っていますが、紙の質感といい、文字のフォントといい、すべてが「いい感じ」ではないですか？　中の品質はもちろん重要だけれど、私にとってこういう佇《たたず》まいも大切です。

さて、築地の買い出しから帰ったその日のお昼は、同じ築地場外の鶏肉屋で買った鶏弁当ととったばかりのお出汁が定番。味つけはなし。そのままいただくのがいいんです。もちろん夜はお出汁をたっぷり使った料理を作ります。おひたし、お味噌汁、鍋もいいなぁ。作りたい料理が次々浮かぶ、出汁ってすごい。

新潟のお米農家さんが作るお米と、この店の鰹節があれば、私の毎日は安泰。そんな気さえしてきます。けして大袈裟ではなく。

鰹節は、築地の松村のもの。たっぷり使いたいから、１度に2袋買います。友人知人へ、お土産にすることも。

ごみ箱を深呼吸させる

「ごみの捨て方にもセンスがある」。そう言ったのは、料理家のウー・ウェンさん。この時は、蓋《ふた》なしの木製ごみ箱を使った感想をうかがう、といった内容の取材でしたが「ごみに見えない捨て方があると思うの」というウーさんの言葉に、その場にいた一同全員が、うーんとうなりました。お会いするたびに、料理はもちろん暮らし方、生き方まで。ウーさんの美学に触れてきましたが、まさかごみの捨て方にまで気持ちを行き届かせていらしたとは。

我が家でいうと、ごみ箱は娘の部屋以外、台所に置いているこのふたつのみ（手前が燃えるごみとビンと缶、奥が燃やさないごみ）。リビングやダイニングで出たごみは、すべてここに捨てることにしています。

ごみ箱は、気になった時にその都度拭きますが、念入りに外と中を拭くのはごみ捨ての日。すっかりからっぽになったごみ箱をきれいに拭きあげたら、1〜2時間蓋を開けて、数日の間にたまった、もやっとした空気を外に追いやります。このごみ箱の深呼吸、するとしないのとでは台所の空気感がまったく違うのです。

ところでよく聞かれるのが、生ごみのにおい問題。こちらは台所仕事が終わったらすぐに袋に入れて冷凍庫に入れることで解決。我が家の冷凍庫はわりと広めなので3段あるうちの一番下が生ごみ入れ。この方法、え？　ごみを冷凍庫に？　と少しびっくりされるけれど、生ごみももとは食材。すぐに冷凍庫に入れてしまえばにおいもぜんぜんへっちゃらです。

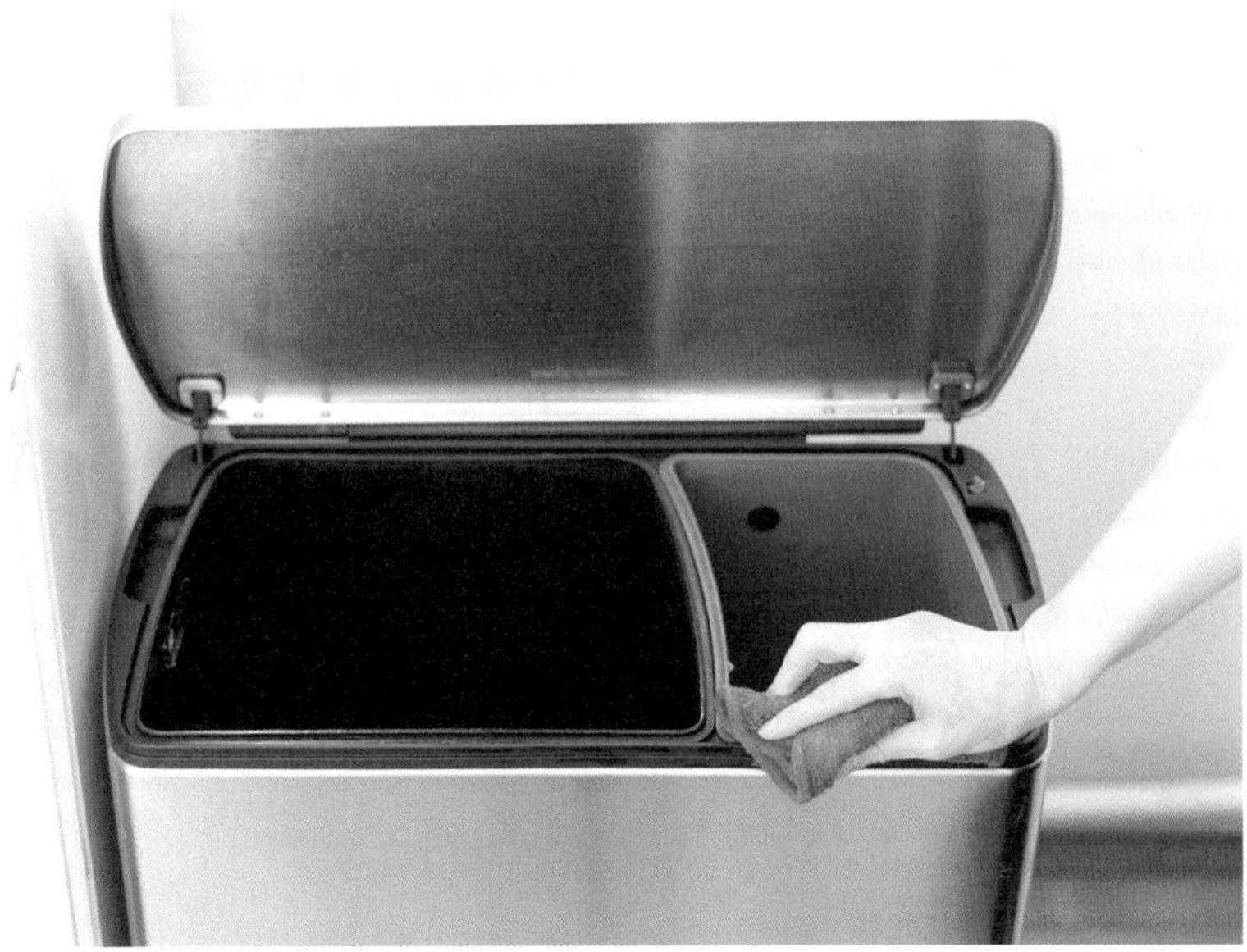

上／外側、内側、それから縁や溝もキュッキュと拭いて、からりと乾かす。１年に数度、晴れた日には、丸洗いもします。

下／ごみ箱は両方ともブラバンシア。もう何年も使っていますが、拭き掃除のおかげか今でもピカピカ。大事に使えば長持ちする。これってどんな道具にも言えることですね。

作りおきをしない

横顔も美しいステンレスの容器。入れ子にもできるので、収納場所があまりない、なんて人にもおすすめ。韓国風の料理を作った時は、このまま器としてテーブルへ。磁器の器とも相性よし、です。

我が家の台所事情（お金のことではなくほんとの台所の）、この4〜5年の間でもっとも変わったのは、冷蔵庫の中ではないかと思います。

小さかった娘もこの春24歳。お弁当作りも終わり、それぞれ友人とのつき合いも増えてきました。気がつくと、1週間のうち、一緒にごはん食べたの数えるくらいじゃない？　という感じ。時間のある時に作りおきしたり、材料を多めに買ってやりくりしていたあの時間が、今となっては遠い昔のできごとのようになっています。

冷蔵庫の中も、前よりすっきり。家から歩いていけるところにスーパーや食材店がいくつかあるため、ここを自分の家のストック代わりと考えて、冷蔵庫に入れておくものは、調味料や卵をのぞいて基本「今日食べるもの」だけ。

多めに作ったほうがおいしいひじきの煮物などは、今まで通りたっぷり作り、今日と明日の朝の分を残して、あとは友人たちにお裾分け。代わりに庭で採れたという柚子や、取り寄せたばかりのお茶などをいただいたりして。そんなご近所づき合いもいいものだなぁと思っています。

冷蔵庫の中は、いつでも見渡せるようにしておくといい。仕事に子育てにと、忙しくしていた頃は、野菜室の奥にあったきゅうりをブニョブニョにしちゃった……なんていう失敗もありましたが、片づけも面倒だし、なによりもったいない。在庫がどれくらいあるかをきちんと把握して、無駄をなくす。今はそんな気持ちで冷蔵庫と向き合っています。

アルミの鍋に入っているのはひじきの煮物。ステンレスの容器には、野沢菜漬けと切り干し大根の和えものが。

これにお味噌汁かなにかあれば立派な晩ごはんに。

庫内は「見渡せる」ことも大事ですが、同時に「美しく」ありたいもの。中に入れる容器は、清潔を保てて、見た目に美しいものをえらびたい。

卵はケースから出し、エッグカートンへ。野菜は、みつろうのラップに包みます。このみつろうラップ、使い始めてわかったのですが、あきらかに野菜の状態がいい。とくにしょうがは乾燥を防ぐと同時に、適度に呼吸している感じ。ラップを開けて持った時の感触がいいんです。今は市販のものを使っていますが、もう少し大きめが欲しいところ。自分で作れるキットなどもあるようなので、今度、手作りしたいと思っています。自分の好きな布で包まれたものが冷蔵庫に入っているなんて、すてきではありませんか！

それから、１年ほど前に買って、とても重宝しているのが、竹俣勇壱さんの蓋つきのステンレスの容器、大中小。フォークやブレッドナイフなど、彼の作品はいくつか持っていますが、こんな風に器としても使え、和えたり混ぜたりの調理道具としても重宝し、そのままストック容器にもなる。かつ、横から見た様子も美しくて……と言うことなし、なのです。

作りおきをしなくなり、冷蔵庫の中の様子は今はこんな風。これから娘が独立したら、またさらに変化していくのかもしれない。そうすると、もしかしたら、もっと小さな冷蔵庫で足りるのかも？　自分の変化とともに、冷蔵庫との向き合い方も変化する。これからどんな風に変わっていくか、ちょっと楽しみでもあります。

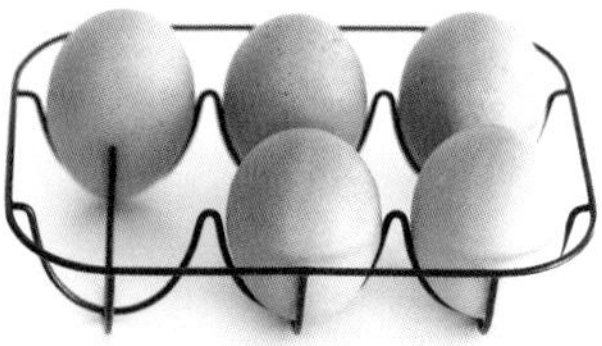

上／深澤直人さんデザインのエッグカートン（残念ながら今は廃盤）。卵は、エッグカートンの黒に合う茶色をえらびます。最後の１つになったら買い物へ。
右／ステンレスの容器（大）にもやしのナムルを。これでちょうど１袋。蓋はプレートにもなります。
下／みつろうラップは楽しげな柄を。ふだん、見えない冷蔵庫の中だからこそできる柄えらび。使ったら洗って乾かして。ラップを使う分量もかなり減った気が。

おせちは あれこれ作らない

20年ほど前から、お正月のきんとんと黒豆作りは私の当番。毎年、大きな鍋いっぱいに仕込み、実家やご近所さんに配ります。私のきんとんを当てにしているから自分では作らない、という人も何人かいて、師走が近づくと「今度のお正月もお願いね」と注文(?)が入るのです。

その代わりといってはなんですが、他のおせちは作りません。元日のお昼頃、実家に行き、母のおせちをつまんだらそれでおしまい。見た目に華やかなおせちは、目にも舌にも少しで十分。翌日から、すっかりいつものごはんに戻ります。

きんとんもまた、味見の1粒で十分。たくさん作るせいか、食べる前に満足してしまうのです。三が日を過ぎた頃、きんとんの上にゆるくホイップしたクリームを乗せてコーヒーと一緒におやつにするのがここ最近の定番。せっかく作ったのに、と思われるかもしれませんが、みんなが喜んでくれる顔を見るだけで満足です。

困ったのが、その昔、張り切って買った塗りの重箱の使い道。おせちを盛ったのは数えるほど。これからもきっとそうなんだろうなぁ……と思っていた矢先に思い出したのが「入れるものはなんでもいいんだよ。サラダでも、いつものおかずでも」と言うこの重箱の作者の言葉。

というわけで、今では、おにぎりや煮物なんかを入れて「塗りの四角い器」として使っています。いつもの地味なおかずもこれに入れると、ちょっと華やぐ。新しい役目を得て、重箱もなんだかうれしそうです。

上／かりかりに炒ったじゃこと白ごまをごはんに混ぜ、ごま油と塩を手につけて握ったおにぎり。いつものごはんも重箱に盛れば立派なご馳走。

下／きんとんのおやつは、小さな器に盛って、一瞬きんとんとわからないように見せるのがコツ。１口食べるとみんなが「なるほど！」という顔をするのがおもしろい。

大掃除をしない

「昔は、お正月はお店が閉まっちゃうから、年末にずいぶんたくさん買いものしたものだけど、今は2日から開いてるところも多いから、気が楽よね」と言うのは母。私が幼い頃は、お正月食材の買い出しに行った後は、冷蔵庫に入りきらない野菜が勝手口付近の寒い場所に置いてあったものでした。それは懐かしい年末の風景。お鍋いっぱいに煮た黒豆やきんとんも、ここが定位置だった記憶があります。

母も、おせちは年々、簡略化。お雑煮を作って、筑前煮を煮て。あとは紅白のかまぼこや、数の子、伊達巻などを少し買って、お正月用の器に盛り合わせるくらい。私たち娘が持ち寄ったものをテーブルに並べたら、もうそれだけで立派なごちそうです。

そういえば、大掃除をしている様子はないけれど、どうしているのだろう？子どもの頃、大晦日に窓拭きのお手伝いをした記憶があったけれど、と尋ねると「最近しなくなったわ。いつもきれいにしているしね」とのこと。たしかに、実家を見回してみると、汚れがたまったところはなく、すっきりきれい。娘たちが家を出て、父が亡くなって、家族構成や時代の変化とともに、母の年末年始の過ごし方も様変わりしているようです。

私も、母に倣《なら》って大掃除はしません。ただでさえ、慌ただしい年末。仕事納めをしたらゆっくりしたい、というのが理由のひとつ。もうひとつは、汚れがたまる前に、日々拭く、取り除く。母の言う通り「いつも」というのが大事なことに気がついたのです。

会社勤めで、日々忙しくしている友人は、その「いつも」ができず、冬休みに入った途端、必死になって掃除をし始めるとか。「それで結局、大晦日に力尽きて、不機嫌になったりする」とか。家族からは、そんなになるなら大掃除しなくても……と呆れられるそうですが、それはそれで彼女らしい話。

また別の友人は、大掃除を張り切り過ぎて、年始は風邪を引いてしまうことが多いとか。たしかに寒い中の窓拭きや、水仕事はつらいもの。私は、友人たちの話を教訓にして、年末にカーテンを洗うのは避けています。

ではいつかというと、花粉のシーズンと梅雨が終わった夏の晴れた休日。がらりがらりと洗濯機が回る音を聞きながら、窓を開け放ち、同時に窓も拭く。暑い中、洗い上がったカーテンのひんやり具合がなんとも気持ちいい。すべてレールにつけ終えたら、シャワーを浴びてビールを飲む。一仕事終えた後の1杯は格別です。

窓は、この時はかなり念入りに。それ以外は、床を拭く前に同じモップで週に1度ほど拭くことにしています。毎日の床掃除と同じで、習慣にしてしまえばそれほど苦でもありません。

毎日をつつがなく過ごすには、ためないことが一番。「いつも」を心がけ、家を整えていきたいものです。

冷たいものは
飲まない

台湾に住む友人は、冷たいものは飲まないし、食べない。体調によってはフルーツも控えるとか。また、中国出身の友人は、アイスを食べても「口の中で十分にあったためてからでないと飲み込んじゃだめ！」とおばあちゃんに言われて育ったとか。「だから、アイスがどんどん溶けちゃうの」と笑いながら話してくれました。それを聞いて、ふーんとか、そうなんだ！　なーんて人ごとのように聞いていた私ですが、ここ数年、体を冷やすことはよくない、ということを自分の体が知らせてくれるようになりました。とにかく冷たいものを欲しないし、飲むとちょっと辛いんです。

口にするのは夏でも常温の水や、お白湯。考えてみると、キーンと冷たいものを入れたら、体がびっくりするのは当然と言えば当然。無理のきく若い時ならいざ知らず、これからはやさしく労ってあげないといけません。

朝起きたら、まずはお湯を沸かし大きめのポットへ。お茶を淹れることもあるけれど、基本は白湯。まずはフーフー言いながら少しずつ。冷めたら2口か3口ずつ。体に水分を行き渡らせるようにして、慌てずゆっくりいただきます。大きめのマグカップに入れれば、手も温かいし、湯気で顔もあったかい。寒い日に飲む白湯は、ありがたい存在です。

でもただひとつ例外があって、それは好物のシャンパンをキンキンに冷やして飲むこと。こればかりは、どうしてもやめられないのですが、まぁ時々なのでよしとしています。我慢もよくない、と言い訳したりして。

贈りものはほどほどに

紫陽花を3本。「たまたま送られてきたから」というあられを今日と明日で、食べ切れる分。時々遊びに来てくれる、ひとまわりほど年上の友人は、いつも手土産がちょうどいい。さりげなく、そしてやり過ぎない。こちらが、あ、そうそう。これ欲しかったんだ。そう思うものを「はい、これ！」と言って、持って来てくれるのです。また別の（これもまたひとまわり年上の）友人は旬のおいしいものは一番で送ってくださる。クリスマスのシュトレンも「贈りものが多くなる前に」という手紙とともに11月の末にやってきました。

話をうかがうと、どうやらおふたりとも、贈られてうれしかったことが多い分、ちょっと困ったな、なんて経験も多いよう。タイミングや量のほどが、絶妙なのはそうした経験がものを言っているのですねぇ。

私も諸先輩方にならって「ほどほどに」と、贈るタイミングを考えることにしています。まずは贈りものの重なる夏と冬のご挨拶は取りやめ！　旅先で、おいしいものと出合った時などに、不意に送ることにしています。量は、家族がだいたい1回で食べ切れる分が目安。どんなにおいしくても、ああ、あともう少しあったらな、というほどほどの分量にしています。

ありがとう。お元気でしょうか。おいしかったから食べてみて。

気持ちをものであらわすのが贈りもの。相手の負担にならないよう、さりげなく。そして、いっぱいではなくほんの少し喜んでもらえるもの。これが、最近の私の贈りものに対する考えなのです。

気持ちと一緒に贈るのは、ていねいに作られたおいしいもの。自分も好きでよく行くお店のものをえらびます。

今日は中目黒ヨハンのチーズケーキを。

好きな色を見つける

真っ赤な口紅が似合う人と会うと、わぁ、すてき。私もつけてみたいな、なんて思うけれど、いざ塗ってみると、とってつけたようで全然似合わない。私の顔立ちには、唇の色と同じようなうすいピンクかオレンジがいいみたい。こんな風に、好きな色と自分に似合う色は、ズレが生じることがあるんです。

では部屋の中の色は？　とインテリア好きの友人たちを思い出してみると、壁を黄色に塗ったり、大胆な色や柄の壁紙を貼ったりと、すごく自由に楽しんでいる。いいなぁ、憧れちゃうなと思うけれど、ではいざ！　となるとやっぱりひるむ。いいなと思う色や柄と、自分が落ち着く色は、また違うようです。

さて……と部屋を見渡してみると、白をベースにブルーグレーやグレー、ブルーがかったグリーンが多い。意識してえらんだのではなく、少しずつ、いいなと思ってえらんだ結果が今の私のスタイルになったというわけです。

私が頼りにしているのは、イギリスのファロー&ボールというペンキメーカーのペンキ。我が家の壁はすべてここのペンキを使っていますが、その発色が本当にいいんです。どことなくスモーキーで味わいがあって。このペンキと出合ってから、私の色の好みが定まったような気がしています。

仕事で煮詰まった時、この色見本をパラパラめくっていると、あっ！　とひらめくことがあります。このペンキを使って何か、というわけではなく、眺めているだけで何かしらの刺激をもらえる。色の持つ力ってすごい。

時々、洒落た部屋にするにはどうしたらよいかと相談を持ちかけられること

ファロー＆ボールの色見本（取り寄せることもできるそう）。「ブルー」と一口に言っても、鮮やかなものもあれば、ちょっとグレイッシュなものもあって、眺めていて飽きないのです。また、色合い以外に、低臭で安全性が高いところも魅力のひとつ。我が家は、リビング、ダイニング、ベッドルームにバスルーム……とここのペンキ一択。

がありますが、そんな時、好きな色はなんですか？　と聞くようにしています。たとえば「ブルー」と答えが返ってきたら、明るめ？　暗め？　それともちょっとグレーがかったブルー？　なんて、質問の幅を狭めていきます。「5月の晴れた空のような」というような具体的な答えが返ってきたら、しめたもの。だったらまずはカーテンをその色にしてみては？　とか、ベッドカバーを変えてみては？　と提案。壁に色を塗ったり、ソファなどの大きな家具を買う前に、まずは手軽に取り入れられそうな布を買ってみて、その色が本当に自分の暮らしに馴染むかどうか、好きなのかどうかを試してもらうのです。

「これが私のスタイルです」。そう言い切れる人はそう多くはないと思いますが「なんとなく好き」とか「これがあると落ち着く」という気持ちは、だれにでもあるもの。その「なんとなく」を、具体的にしていくと、自分の好きなものが見えてきやすいのではないかな。

ところで、私の家のベースとなっている白ですが、白にもいろいろあります。洗い立てのシャツのようなまっ白。ちょっと生成りがかった白。グレーがかった白。青みが混ざるとクールな感じになるし、暖色が混ざると温かみが増す。

いずれ一から家を建てたいという夢がありますが、今は、リビングにはこの白、ベッドルームにはこの白、という具合に試している最中。窓の大きさや光の入り具合、時間帯で印象は変わるものなので、今はその変化を観察しているところ。いつかその夢が叶うといいなと思いながら。

クリスチャンヌ・ペロションのカップとプレートは母の海外土産。お茶を飲んだり、お菓子を盛ったり。またはテーブルの上にぽんと置いて眺めたり。なんとも言えない奥行きのあるブルーが魅力。

フォルムと同じくらい、色合いが好きな、イブ・コフォード・ラーセンのエリザベスチェア。ずいぶん色褪せてきてしまったけれど、次に張り替えるとしたらまたこのブルーにしようと思っています。

パリで一目惚れしたピカソのクッションカバー。無地のものばかりの我が家に、少しこんな柄が入ると場が和みます。白ベースに、水色が少し。ソファの色とも馴染んでうれしい。

スウェーデンの陶芸家、リサ・ラーソンによるアートピース。一見、やさしげ。でもよくよく見ると横顔に主張があるところが好き。何もない、白い空間にぽつりと置きます。

43頁のソファと同じ空間に置いているデイベッド。ここはあえてグレーで色味を抑えます。足元に置いたのは、淡いグレーのエコファーの敷物。トーンを揃えると部屋の雰囲気が落ち着きます。

脚の色が気に入ったアルネ・ヤコブセンのTチェアは、このドアの横が定位置。「座る」という目的だけでなく「見て楽しむ」。この椅子は私にとって、そんな存在。

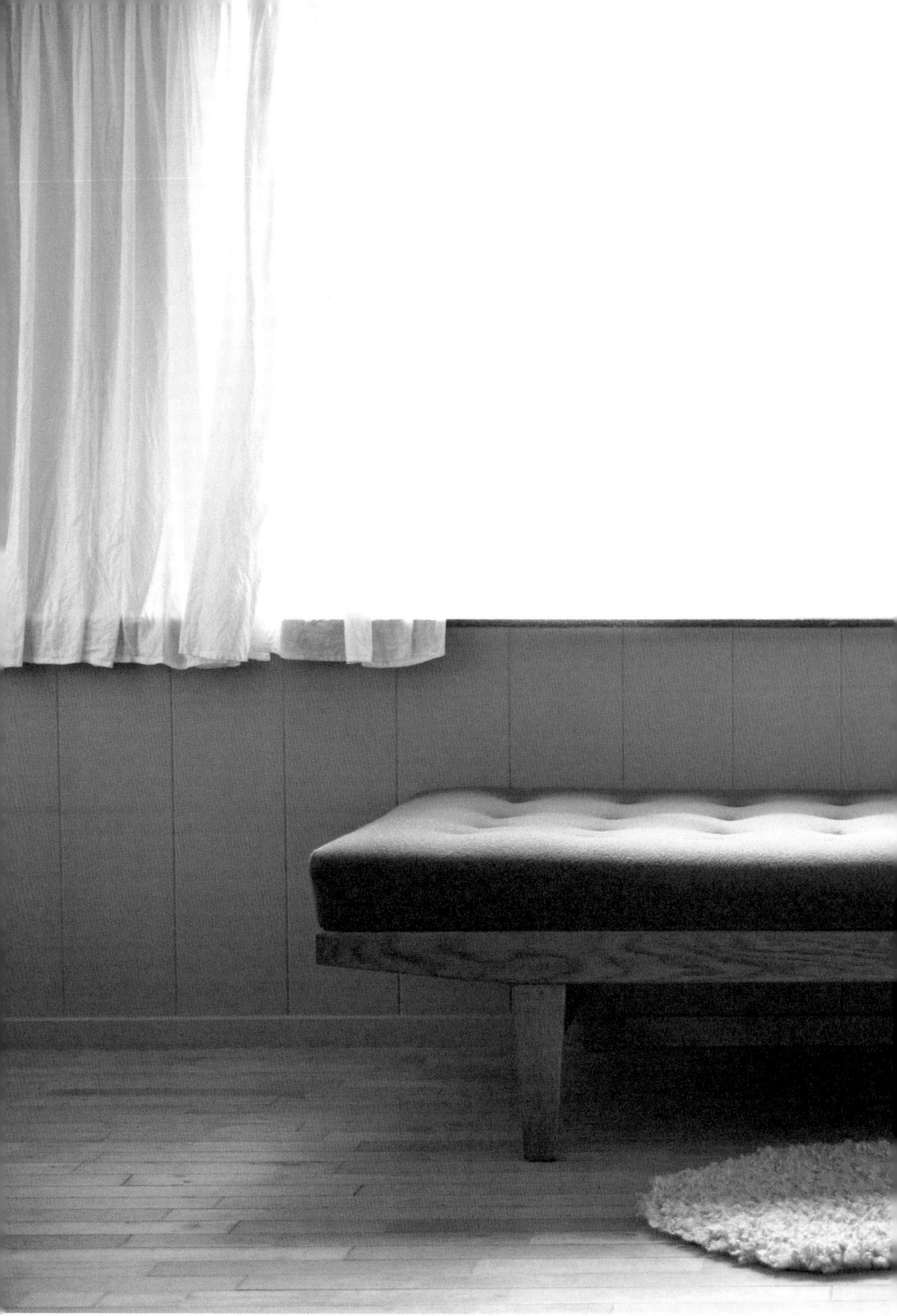

空き箱収納

お菓子や器、封筒などの空き箱。シンプルなだけに、その質感をぞんぶんに味わうことができる。しっかりとした作りあり、ホッチキスで留められたラフなものあり。どちらも好き。

空き箱、といってもいろいろあるけれど、ことに好きなのが白い紙箱です。よくよく見ると箱によって色合いが微妙に違うし、ちょっとマットとか、つるっとしているとか、質感もいろいろ。仕様も様々。眺めているだけで、楽しいのです。

保管場所は食器棚の下のほう。前まで一定量と決めて、ある程度たまると処分していましたが、最近、ま、いいか、好きなんだし。と、じわじわ増えつつあります。もともと用途があり、かつ美しいものが好きなのですが、今は白い箱がその上位。増えても圧迫感がないところもいいのです。

時々、こんな風に重ねて眺めることもありますが、せっかくですもの何か入れて役割を与えたい。どら焼きが入っていた箱（深さ7センチ）は、靴下をくるくると丸め、チェストの中へ。色ごとに分けるとさらに美しい。クッキーの箱には（深さ5センチ）ベルトを入れて。スカーフ、下着、クラッチバッグ、靴紐、靴のお手入れセット……引き出しや扉を開けると、目に入るのは箱、箱、箱。箱に仕分けすることによって、どこに何が入っているかが一目瞭然。

取り出しやすく、あれどこやったっけ？　なんてことにならない。今では、家のそこかしこに箱を使った収納を採用しています。

空き箱収納のいいところは、くたびれてきたらすぐに新しいものに変えられるところ。ストック豊富だからサイズもいろいろ揃っているし、何より、再利用したものなので、潔く捨てることができる。

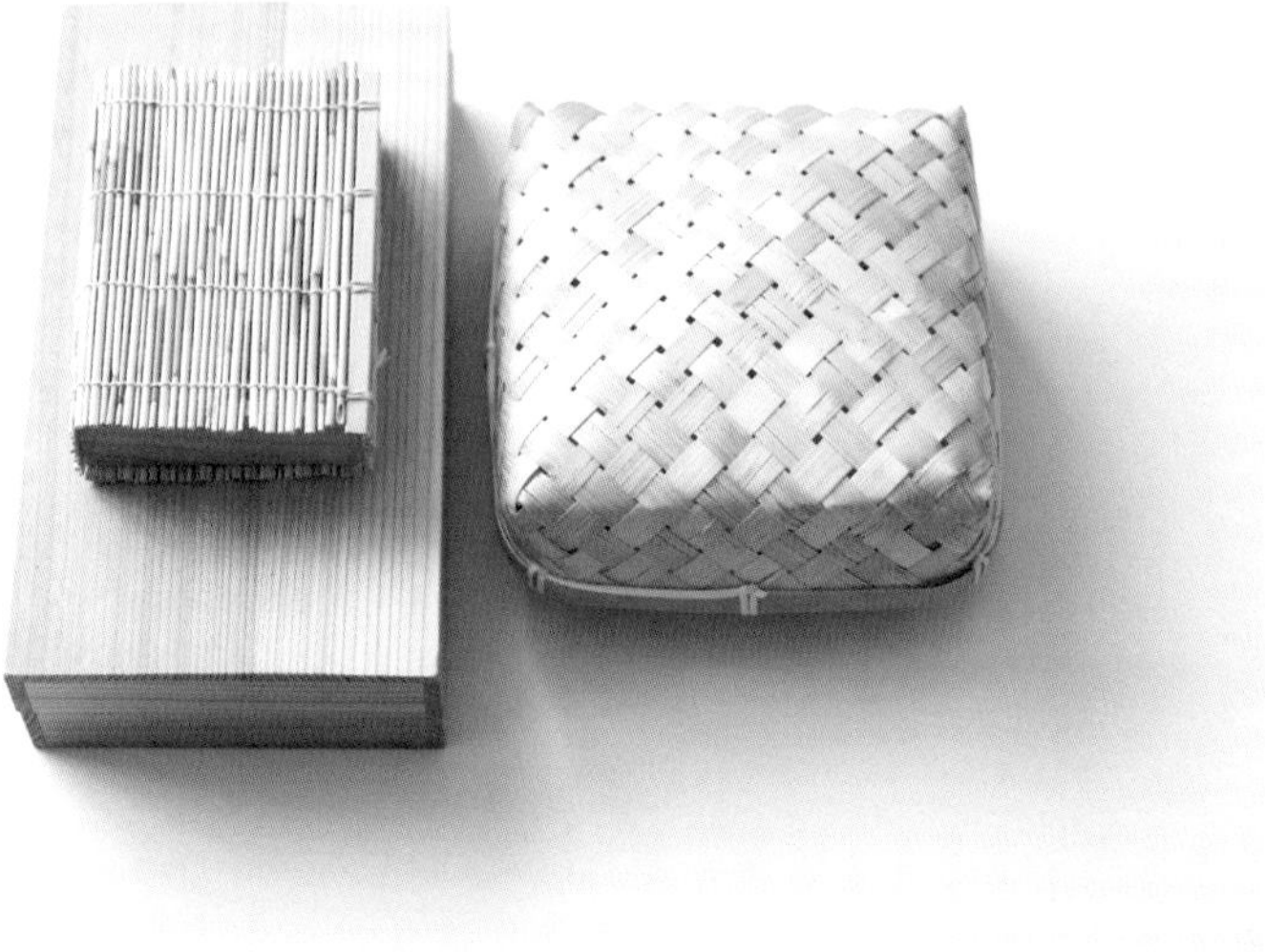

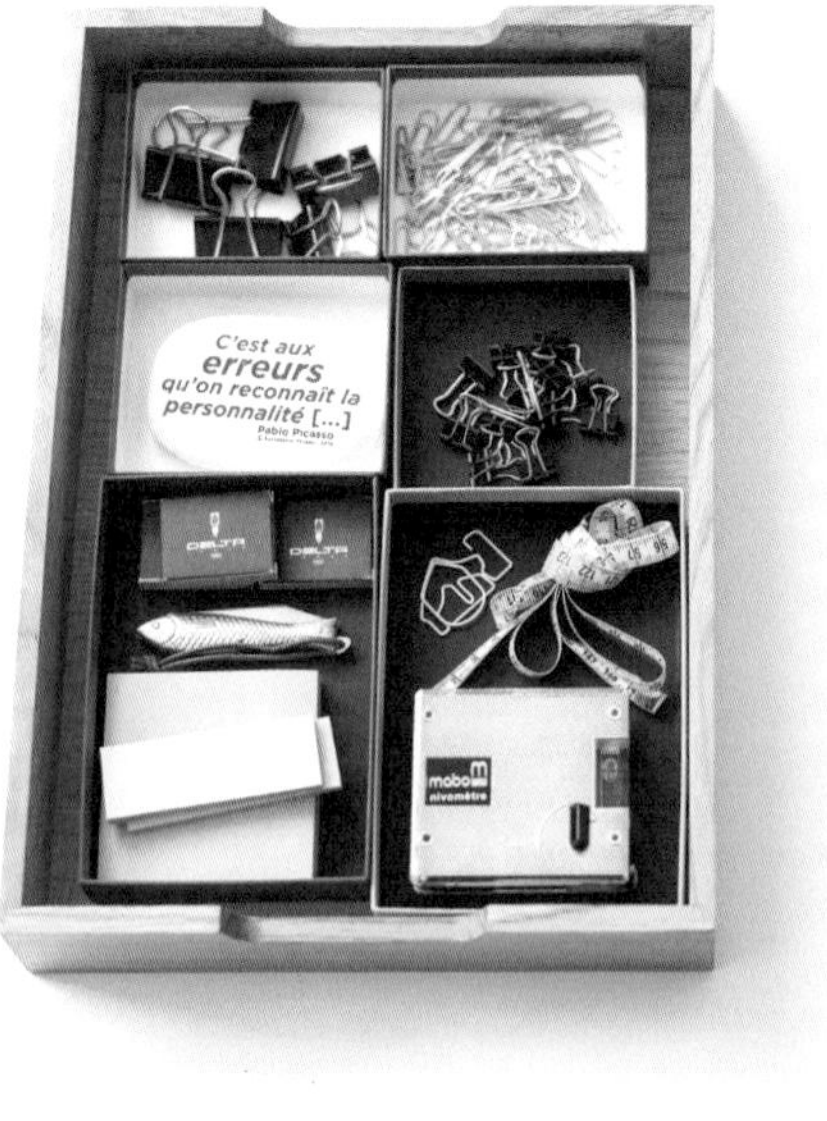
C'est aux
erreurs
qu'on reconnaît la
personnalité [...]
Pablo Picasso
mobo
nivomètre

上／紙箱とはまたちがった趣の自然素材で作られた箱いろいろ。右は立派な筍が、左はわらび餅と麩饅頭が。蓋を開けた時に思わず声が出た、思い出深い贈りもの。
下／仕事道具を入れた小引き出し、４段のうちの１段。引き出しの深さに合った、空き箱の蓋を利用した収納です。メジャーの黄色以外、すべて黒とシルバーに統一。付箋は、色つきは避け、クラフト紙を。ほおっておくと、ごちゃっとしがちな引き出しの中こそ、統一感が必要です。

ジュエリーが入っていた小さな箱は、小引き出しの中に入れてクリップや付箋などの仕分けに使っています。グレーや黒の箱に合わせて、中に入れるものもモノトーンとシルバーで統一。引き出しを開けるたびに、すっきりしていて気持ちいいな、このすっきりをキープしようなんていう気にもなります。

外見がきれいな箱は内蓋も、また内側もきれい。「どうせ隠れるし」といった手抜きが感じられず、箱を作った人や、この箱に商品を入れようと思った人たちの、誠実さや心意気が見て取れます。

紙箱同様、桐の箱や竹や経木の箱もまた好きで捨てられません。自然な素材は入っているものをおいしく見せてくれるもの。中にハランを敷いて、おにぎりを盛ったり、いただきもののお菓子をご近所さんにお裾分けしたり、小さな器を入れて食器棚へ……とあらゆる場所で使っています。

そういえば、と思い出すのは実家で使っていた箱や缶。ボタンはあれ、下糸を巻いたボビンはこれ。中に入っているものと、いれものが結びついている。ペコちゃんの飴が入っていたピンクの缶は、見るたびに懐かしい思い出も蘇《よみがえ》ってくるのです。

用が済んでしまえば、お役御免になってしまうかもしれないけれど、ちょっと待って。そこにもしかしたら、自分の暮らしを変えるくらいの使い道が潜《ひそ》んでいるのかも。捨てる前に一呼吸おいて、何かに使えないかな？　なんて思うことも時には大事なのかもしれません。

背表紙を見せない

ステイホーム中のある日、急に思い立ち、近所の古本屋の知人に本を引き取りに来てもらうことにしました。たくさんあっても読むのはごくたまに。だったら、もう手放してもいいんじゃないかと思ったのです。その中には大事にしていたお宝本もあったのですが、一度決めたら後には引かない性格。いらないと言ったらいらない。

段ボールに何箱だったでしょうか。重い台車をゆらゆらさせながら2往復。晴れて我が家の本棚は、すっからかんになったのでした。必要と思ってもらえる人の本棚に置いてもらえますように。

今は、その本棚はもうなくて、仕事の資料を置いている扉つきの棚と、画集や洋書、写真集などを置いたダイニングのはじっこの2カ所が我が家の本置き場になっています。

量も減ったし定位置も決まった。やれやれ……と思ったところでまた問題が。背表紙の色が赤や黄色、ブルーに黒といろいろ。眺めているとそれがどうも落ち着かないのです。色別に並び替えたり、大きさを揃えてみたりしましたが、それもどうもピンとこない。そこで立てて置くのではなく重ねて置くことに。

はい、お察しの通り、下のほうは取り出しづらくはなりましたが、見た目にはすっきり。今は、この背表紙を見せない方法が、ベストではないかなぁと思っています。48頁の箱もそうですが、どうやら紙の質感が好きみたい。頁が重なるその様子を横から、きれいだなぁとうっとり眺めています。

重ねた本の一番上に、気に入った表紙の本を置きます。そうすることでさらにすっきり。時々、ダチョウの羽の埃取りで埃を軽く払い、入れ替え。必要か、またそうでないかを見直すのもこの時。

コード類を見せない

目指すのは、おさまるところにものがおさまり、見た目にすっきり。それでいて、温かみのある空間。徹底的に生活感を排除はしないけれど、それなりに目に気になるものはしまいます。

「目に気になるもの」の代表格が家電製品。前に住んでいた家では、テレビを見るときは裏からガラガラ出してきて、線をつなぎ……という面倒なことをしていたのですが、引っ越しを機に壁づけにし、壁と同じ白い配線カバーでコードを隠しました。娘が時おり使うプロジェクターは、フィンランドのマーケットで手に入れた木製のスーツケースに。その上の帽子ケースには、Wi-Fiのルーターや延長コード、ブルートゥースでつなげるタイプのスピーカーを。ルーターは、帽子ケースの横に開けた穴から電源を繋げるようにしましたが、これが大正解。我が家の様子を見て「なるほど！」と言う人はとても多くて、どうやらWi-Fiルーターをどう隠すかは、みんなの悩みどころだったんだな、ということに気がつきました。

Wi-Fi同様、今の私たちの毎日に欠かせないのが、スマートフォンやパソコン。それにくわえて充電器やコードも必要なアイテムですが、これらは、かごに入れることで解決しました。充電器やスピーカー、プロジェクターは使ったら元の場所に戻すのが我が家の掟。

「あとで」とか「とりあえず」などと思わず、使ったら戻す、を頭と体に覚えさせると、散らからない。これ「すっきり暮らす」の基本です。

上／充電器入れにしているかごは、古道具屋で埃をかぶって売られていたもの。内側の和紙を剥がし、水洗い。
下／穴を開けた帽子ケース（上）とプロジェクター入れ（下）。

コンセントを見せない

今の家は、代々の住み手が改装に改装を重ねてきたらしく、50年前に建った当時の面影を残しているのは、おそらくダイニングの床ぐらい。暖炉風の飾り棚や飾り天井は、引っ越してきた当初、取り外してフラットな作りにしてしまおうかと思ったのですが、これから先、こういうインテリアに住むことはないのだから楽しもうではないかと、壁と同じ色に塗ることにしました。

もともとあった内装を生かした改装は、まあまあ気に入っているものの、ひとつどうしても気になっているのがコンセント。とにかく多いし、ここになぜ？　という目立つ高さや場所についているのです。

便利よりすてきをとるものとしては、これには閉口しましたが、自分の持ちもの（我が家は賃貸）ではないので、ぐっと我慢。家具を置いたり、花を置いて使わないときはなるべく隠しています。

リビングの窓際、デイベッドを置いているここは気に入りの場所。グレーの本をどけると、またコンセントが現れます。リビングに足を踏み入れると、まず目に入るのがこの白い壁。私としてはやはりここにコンセントはNO！　なのです。

いつか自分の家を一から建てるとしたら、間取りや壁や床の質感と同じくらい気にかけたいのがコンセントのデザインとつける位置や個数。ないと困るけれど、ありすぎても私には悩みの種。コンセントがスマートについている家が、今の私の憧れです。

ROUGH
RIDE

ないものは作ってもらう

もっとこうだったらいいのに。ああだったらいいのに。

こんなにものが溢れているのに、欲しいものは見つからない。そんな時は、じっと我慢。とりあえずでものは買いません。間に合わせでものを買って、しっくりこないまま使うのは、どうも気持ちが落ち着かないんです。

では、どうする？

私は作ってくれる人の手を借りることにしています。

スッカラのような漆器製の匙《さじ》が欲しい。お膳の足を取ってお盆にしたい。土鍋の両方の取っ手を、取って（ダジャレじゃなくて）欲しい。同じ形で粉引きと黒釉の器が欲しい。石のような箸おきが欲しい……他、いろいろ。

頭で描いたものをじっさい形にしてくれるのは、陶芸家や木工家など、作家の方々。無理を承知で相談してみると、意外や意外、「ちょっと時間がかかるかもしれないけれど、やってみます」。そんな返事をもらえるのです。

そこで思い出したのが、尊敬する料理家の方の「どんどん相談してしまえばいいの。使い手からの言葉、作り手の方たちも待っているのよ」というお言葉。

その時私は20代。そんなものなのかな……などと、ぼんやりした気持ちで聞いていましたが、その方と同じくらいの年齢に追いついた今は、よく分かる。

年を重ねていけばいくほど、良いものとそうでないものとの判断がついてくるからジャッジが厳しくなる。欲しいものがない。ないなら作ってもらおう！

そんな風に思うのは必然といえば必然なのです。

キャンドルを置いている鉄の皿は、女性２人組の鍛冶屋・Atelier 五號《ごごう》のもの。もともとは平たい皿だったものに、５ミリほどの立ち上がりを3カ所（表からは見えないよう）つけてもらいました。その結果、持ち上げやすく、テーブルに熱も伝わりづらくなっていい感じ。立ち上がった部分に空間ができ、キャンドルをつけた時に陰影が生まれる、といううれしいおまけも。

対面で撮影できる台が欲しいと、いつも内装をお願いしている友人にオーダー。壁の色と同じ色にペイントし、空間に馴染むようにしました。ふだんは、キッチンに面したカウンターに被せるようにおさめています。

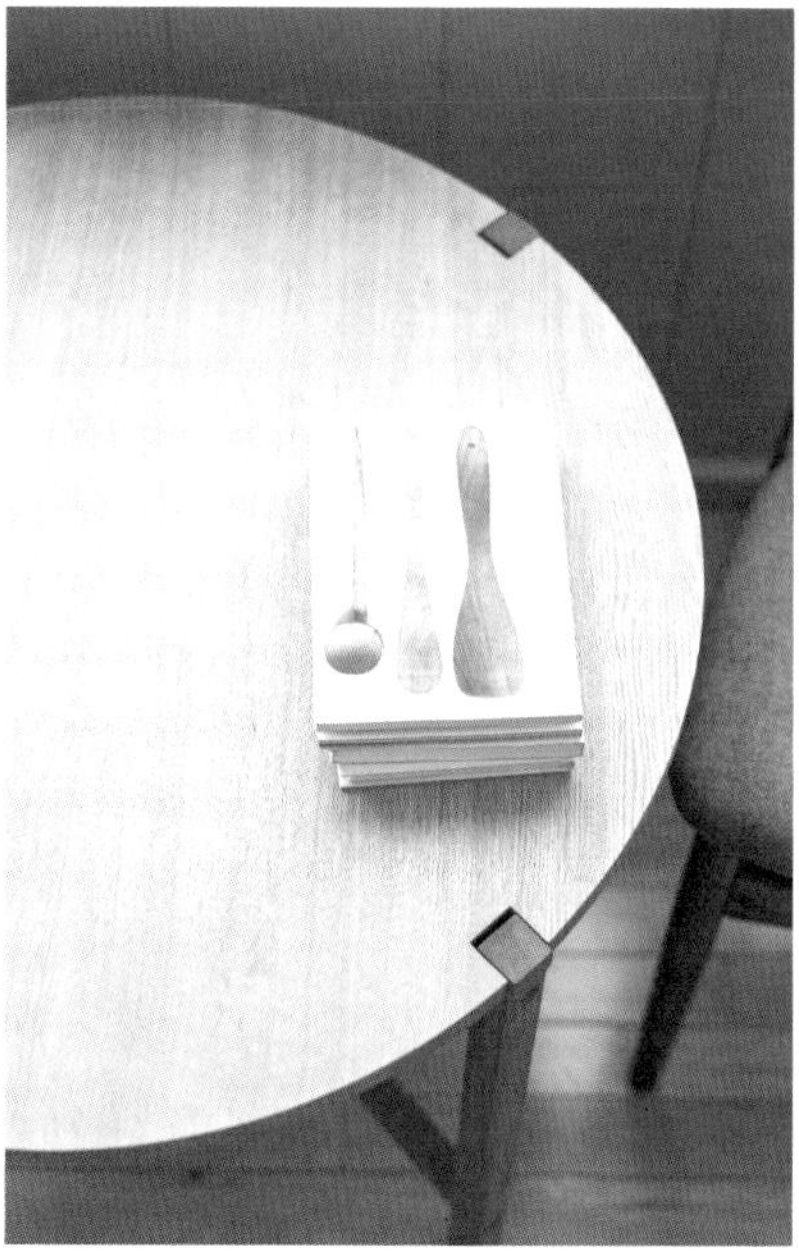

上／折り畳みテーブルの天板（合板）の傷みがひどくなってしまい、無垢の一枚板で同じサイズの天板を制作してもらいました。相談に乗ってくださったのは、木工作家の山口和宏さん。
下／古い小引き出しの形（左）が好きで、似たものを、と杉工場にオーダー。オリジナルよりよい仕上がりに大満足。

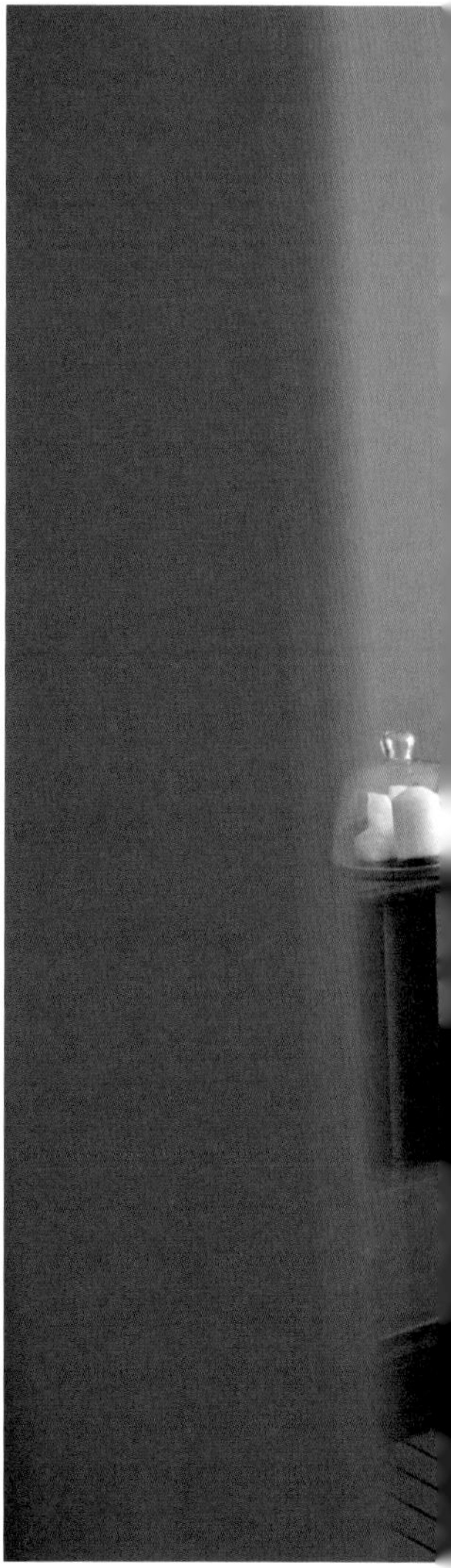

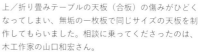

掃除道具も美しく

家の中を気持ちいい空間にするには「見せたいもの」と「見せたくないもの」を自分の中ではっきりさせるといいみたい。54頁〜でも触れましたが、私にとって見せたくないものは、コード類とコンセント。冷蔵庫などの表に出ざるをえない家電は、デザインの良いものをえらびます。

掃除道具もまた然《しか》り。しまい込むと億劫になるので、手にとりやすい場所に置き、汚れが気になったら即掃除。そのため、目に触れるところに置いても、気にならない、美しいデザインのものを厳選します。

箒《ほうき》は信州の職人によって作られたもの。本専用の埃取りはドイツ製。ヤギ毛と豚毛から作られていて、表紙などにはやわらかいヤギ毛を、本と本の隙間には豚毛を、と使い分けています。ダチョウの羽の埃取りは、オブジェやシェードなどの埃を取るのによくって……という具合に、適材適所で使い分け。作られた場所は様々ですが、どれも職人の知恵と工夫が詰まったものばかり。さらに見た目にも美しいなんて素晴らしいではありませんか？

定位置はキッチン脇。ここの扉はいつも開けているので、とり出しやすいにもかかわらず、うまい具合に掃除道具が隠れる。なかなかいい場所を見つけたものだと悦に入っています。

旅先でも気になるのはやっぱり箒やブラシの類。つい欲しくなるけれど、掃除道具が多すぎて、見た目にごちゃごちゃというのでは本末転倒。掃除道具好きとしては悩ましくもあるのでした。

キッチンの片隅に設けた掃除道具置き。しまい込むと掃除が億劫になるので、見えても美しいものをえらぶことがポイント。手前のウッドバスケットにはウエスや埃取りを。奥は消火器。

毎日拭き掃除

するとしないのとでは、部屋の空気の澄み方は大違い。拭き掃除をした後は、鼻の通りもよくなるような気がします。すすいだ後のバケツの水は、ベランダにジャー。ベランダ掃除も兼ねてます。

20年くらい前は、毎日掃除機をかけていました。あの頃は体力があったのかな、メゾネットに住んでいたので階段もあったし、今より部屋数も多かったはずですが、あんまりつらいと感じなかった。

それが週に3度となり、2度となって……今では週に1度。それも娘が当番となりました。その代わり、私は毎日モップをかけます。まずはさーっと家全体の埃を取り、その後、水拭き。キッチンやダイニングテーブルの下、窓際は念入りに。あとはその日、その場所の汚れ具合によって臨機応変に。

これがね、もう本当に気持ちがいいんです。水拭きを進めるうちに、家の空気が澄んでくるという感じ。

使っているのは、スウェーデンのMQ・Duotexのプレミアムモップ。専用のマイクロファイバークロスという布を水につけ、ぎゅっとしぼり、この先端にとりつけて、拭く……を繰り返すこと数回。すすいだ水はベランダにジャーっと流せばベランダ掃除にもなるという一石二鳥の掃除法。

毎日の拭き掃除、面倒じゃない？　とよく聞かれますが、習慣にしてしまえばこっちのもの。朝起きたら顔を洗うのと同じように、そういうものだと思えばいいんです。運動にもなるしね。

朝起きたら窓を開けて、ごしごし拭き掃除。さあ、今日は何をしようかな？1日の予定や、朝ごはん何にしようかと考えるのもこの時間。頭の中の整理をするとともに、家の中もきれいになる。これがないと私の朝は始まりません。

扉にフック

我が家の扉は、ほぼすべて閉めることなく開けっ放し。リビングも、キッチンも、ベッドルームもバスルームも。近い将来、娘が独立したら、広めのワンルームにしたいくらい締め切った空間が苦手です。

前に住んでいたマンションでは、キッチンとダイニングの扉は「いらない」と判断し、納戸に収納。扉がなくなったおかげで、スペースが広がり、その分、棚を置くこともできたりして。そこへいくと、引き戸ってよく考えられた意匠だなぁと思います。スペースの使い方に無駄がないもの。

さて、ふだん開け放している我が家の扉。とはいっても、来客などの際、閉めておきたいこともある。「いらない」とまではいかないのです。

あまり使わないけれど、ないと困る扉。そこで考えたのがドアの裏側のデッドスペース。ここにフックをつけ、よく使うものを収納することにしました。

私のベッドルームにかけているのは、起きた時にさっと羽織るシルクのガウンや、買いものなど「ちょっとそこまで」出かける時の小さなバッグを。娘は、出番の多いバッグやアウター。時には帽子がかかっていることも。

どちらも定位置にここにあるのではなく、ひとまず置く場所。これがなかなかいいんです。フックひとつつけただけで、こんなに便利になるものなのかと感心しています。

今は、納戸とバスルームの扉にもフックをつけようかと思っているところ。「扉にフック」くせになりそう。

ここにフックがついているのとついていないのとでは、便利さが違う。ただ、ひとつ気をつけているのはあくまで「ひとまず」の場所。「その日の夜にはかたづける」が私のルール。

クリーニングは出さない

使っているのは、weeksdays の洗濯用洗剤。ほのかに香る、すずらんと沈丁花の香りに洗濯中も癒されます。今や、なくてはならない生活必需品。

正直にいうと、忙しいのと、アイロンがけが面倒なのを言い訳にして、家で十分洗えるはずのものでもクリーニングに出していました。もともと洗濯は、そうきらいな家事ではなかったはずなのに、どうしてそうなったかというと……週に1度、クリーニング屋さんが「今日はないですか〜?」と玄関先までとりに来てくれて、また届けてくれるという、とっても便利なシステムに甘えるようになっていたからなのでした。

そんな私がある日を境に、クリーニングに出すのをぴたりとやめたのは、すごい洗剤と出合ったから。「洗う前より、洗った後のほうが上質になってる」とは娘の感想。ふっくらふわり。肌に吸いつくようにしなやか。洗剤ひとつでこんなに変わるものなのかとちょっとびっくり。これはもう「私の洗濯革命」と言えるくらいのできごとでした。

1度はまると、いろいろ試したくなるタチ。おそるおそるまずはカシミヤのマフラーから。その次はストール、その後はセーター、毛布。やがてはコートまで(こちら、うまく洗濯するコツがあるのですべての人におすすめとは言えませんが)。きらいではないくらいの立ち位置だった洗濯が、すごく楽しいとまで思えるようになりました。そして自分で洗ったものは、前にもまして愛着が湧くようになったのです。今は、ほぼすべてホームクリーニング。経済的だし、思い立った時に洗えるしといいことばかり。家事に関するこれくらいの変革、まだまだあるのかしらと家の中を見直し中。

トイレットペーパーは箱買い

以前、「ブルータス」と「カーサブルータス」編集長のおふた方と鼎談《ていだん》をしたことがありました。お仕事柄、ものとの出合いは多いに違いない。その中で「欲しいもの」について、あれこれうかがおうというのが企画の趣旨。

鼎談中、とても印象的だったのが「欲しいのにない」ものの話でした。

私がその時、欲していたのはシンプルなパッケージのトイレットペーパー。

トイレットペーパーを買って帰るまでの帰途がちょっといやだったんですね、なんだかかっこ悪くって。その姿を見てだれがどう思うというわけでもないのだけれど、自分の気持ちが許さない。「カーサブルータス」の西尾編集長は「トイレットペーパーを買う時だけ、黒い大きなバッグを持って行く」とおっしゃっていて、みんなやっぱり苦労しているんだなぁと実感したのでした。

そんな時に友人からすすめられたのが「箱入り、芯なし、再生紙、プラフリー」のトイレットペーパー。段ボールを開けると無包装のトイレットペーパーが48ロール。使い切るのが大変な個数ではありますが、その分、買いに行かなくていい。ストック場所さえ確保すれば、持って歩く問題は解消するというわけ（1人暮らしのその友人は、ご近所さんとわけあうとか）。

それから2年あまり。なくなると取り寄せるを繰り返し、今ではすっかり、トイレットペーパー問題はクリアしたのでした。

48ロールの収納はといいますと、箱の半分ほどがなくなったら8ロールずつくらいを紙袋に入れて小わけ。トイレ近くの収納で出番を待っています。

どどーんと届いた姿がこちら。1ロールにつき170メートルもあるので、頻繁に替える必要がない。また、使い終わった芯を捨てる必要がないところも気に入っています。

簡単ウォークイン
クローゼットの
すすめ

日々暮らす中で、なんとなくそのままにしていた、ちょっと気になっているあんなことやこんなこと。ステイホーム中に「どうにかしないと」と思った人、多いと思う。先の見えない状況だったけれど、これはもう「立ち止まる時間をくれた」と考えるしかない。あの時私はそんなふうに思ったのでした。

そこでまずとりかかったのが部屋の見直し（片づけ）だったのですが、一番大掛かりだったのが、ベッドルームの改装でした。

ここには、壁にそって備え付けられた本棚がずらり。収納量は、一見たくさんなはずなのになぜかA４判が縦に入らないという微妙な棚の高さ。使いづらいし、壁一面にあるものだから、窮屈にも感じるし。……で思い切って取ることにしました。

その時に、ぜひ作りたかったのが、服の収納場所。といっても、扉をつけて、ハンガーラックをつけて、棚をつけて……といういわゆるちゃんとしたウォークインクローゼットではなくって、仕切りの壁をつけるという方法。入り口からだと見えるのはベッドだけ。壁の奥に、ハンガーラックやバッグや靴の棚を置きます。

この簡単ウォークインクローゼット、一部屋、服で占領されることもなく、シンプルなベッドルームとしても機能する。扉がない分、掃除も楽だし、圧迫感もなし！　といいことだらけ。いつかまた別の家になったとしても、このクローゼットは採用しようと思っています。

壁の向こうがクローゼット。奥にハンガーラックが2本、天井までのオープン棚を置いています。棚にはバッグや靴、スカーフなどの小物を。季節ごとに少しずつ入れ替えしています。

ベッドルームは
白で

とあるフランスの家具デザイナーが、その昔、入院した時、ベッド以外に何もない、まっ白な空間にとても癒されたとか。それを雑誌で読んだ時、分かる分かると思わず膝を打ちました。

壁も白。ベッドリネンも白。カーテンも白。寝た時に目に入る天井もまた白。なーんにもないまっさらな状態に身を置くことで、また0の自分に戻る感じ。そんなベッドルームが私にとっての理想です。

今使っているベッドは、10年ほど前に作ったもの。ベッドマットに合わせた土台は、オークの木を使っていますが、カバーをかけると木の部分はほとんど見えない。一見、マットだけ？　と思わせるシンプルさが気に入っています。

それともうひとつ、これはぜひ実現させたいと思ったのが、ヘッドボードはなしにするということ。この部分があるとないのとでは、部屋の印象はまったく変わる。ないからこそ実現する「まっ白な部屋」なのです。

ベッドで本を読むこともありますが、そんな時は壁にもたれかかればいい。置く場所にもよるけれど、ヘッドボードがなくても困ることはありません。

また、ベッドルームは照明も最小限。夜になると奥のウォークインクローゼットにしている場所は暗くて何も見えなくなりますが、もうそれでいいと割り切っています。服をえらぶのは夕方まで。夜は暗くてあたりまえ。ベッドルームは、それでいいんじゃないかと、自分に言い聞かせて、暗さを楽しむことにしています。

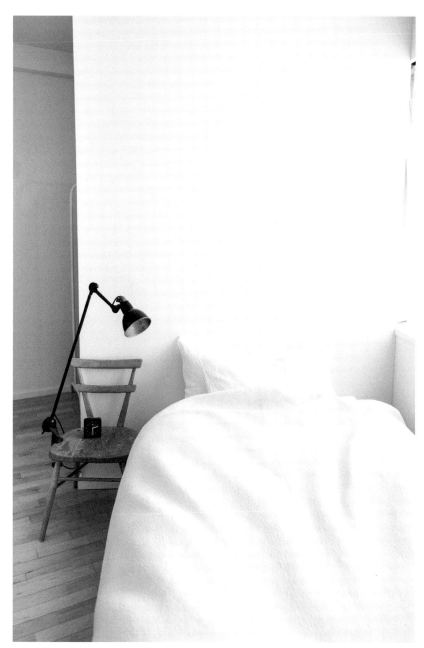

奥に収納を作ったので、ベッドを置いているところはそう広くはないけれど、この狭さが逆に落ち着きます。

白い中に、黒の照明と目覚まし時計を置き、引き締める。黒の分量は「少し」がポイント。

照明を着替える

ベッドルームの頁（76頁）で「暗さを楽しむ」ことに触れましたが、それはふだんいることの多い、リビングやダイニングルームでも同じこと。リビングにはもともとダウンライトが3つついていますが、それをつけることはほとんどなく、夜は暗くなるにつれ、間接照明やキャンドルをひとつ、またひとつと灯《とも》していきます。

じつはリビングにはシーリングライトのソケットもついていたのですが、入居する時の改装で、使うことがなさそうだからと取ってしまいました。空いた部分はパテで埋めペンキを塗って、今では天井はまっさらな状態。する、しない。いる、いらない。がこの本のテーマですが、私にとってリビングの天井の照明は「いらない」だったのです。

シーリングライトはダイニングのみ。テーブルの中央に明るさがくるようにつけています。ここの照明はインテリアの要。気分によって、シェードをあれこれつけ替えて、変化を楽しんでいます。写真を見比べると、違いがわかると思うのですが、つけるシェードによって、置くものも少し変えています。

白い琺瑯のシェードの奥には雨をモチーフにしたフレームを飾るとか、やわらかい印象の紙のシェードの後ろの壁にはなにもかけないとか。ちょっとしたことですが、気分転換になる。家具の買い替えは簡単にはできないけれど、場所をあまり取らない照明ならば、もう少し気軽。服を変えるように、照明を着替えてもいいんじゃないかなぁと思っています。

10年以上使っている、ヴィンテージの照明（おそらく北欧のもの）。白はやっぱり私にとって「基本」の色。もしも照明に迷ったら、まずはこんなシンプルなものがおすすめです。

照明は、レ・クリントのブーケ。リネンで覆われているコードを伸ばすと、テーブル上に光が集まりぐっと親密な感じに。どれくらいの位置に光を持ってくるかをよく考えて、コードを調整するといい。

IHANNE（理想的な）と名づけられたシェード。黒と真鍮の組み合わせは上品。光も目に優しく、この照明をつけると、ダイニングが穏やかな印象に。まさに「理想的な」照明。

いつ人が来ても
いいように

「前を通りがかったからちょっと寄っていい？」とか「届けたいものがあるんだけど……」などなど。突然人が訪ねてくることの多い我が家。

そこで心がけているのは「リビングに私物は置かない」です。自分の家なので、すべてが私物といえば私物なのですが、たとえば脱いだ服をソファにかけっぱなしにしておいたり、取り込んだ洗濯物をそのままにしていたりとか、そういうこと。娘が小さな頃から「我が家のリビングはパブリックスペース」ということにしているので、娘も私物は置きません（その代わり、自分の部屋は好きにしている）。

リビングとひと続きになっているダイニングと、ダイニングから見えるキッチンも同じこと。片づけや洗いものなど、とにかく後回しにしないことが、キープの秘訣です。

部屋と同じで、いつ人が来てもいいように身支度も整えます。えらぶ服は「近所に買い物に行けるくらい」が目安。メイクこそしませんが、日焼け止めを塗り、髪もそれなりに整えます。

片づいた部屋にいる時も気持ちいいものですが、出かけて帰ってきた時もまた気分がいい。仕事で疲れて帰ってきて、家がぐちゃぐちゃだったら疲れも取れないに違いない。来客のために、と思ってしてきたことが、結局は自分のためになっているのでした。片づけに関してよく思うのは、クリーンアップではなくてキープすること。毎日続けていくとそれがだんだん身についていきます。

じつは私、娘が小さい時は、子育てと仕事の両立で毎日ヘトヘト。今のように、「出したらしまう」ができていませんでした。

そこで考えたのが、ブルドーザー作戦。納戸やクローゼットに逃げ場所を作り、1日の終わりにおもちゃやら、畳めなかったり、アイロンできなかった洗濯物をがさっとかごに入れ、ザザーっと移動。かごの中はごちゃごちゃでも、扉を閉めて見えなくしてしまえば、こっちのもの。一瞬でも「きれい」に見えることが、その時の自分には必要なことでした。

ちょっと強引な片づけ方法ですが、この作戦、部屋は整っているように見える。

娘を寝かしつけた後、余計なものが目に入らない空間で、ひとりのんびり。ビールなどを開け、解放感に浸ったものでした。

この方法、突然誰かが訪ねてきても大丈夫。5分で片づいたように見えます。「お子さんがいるのにいつもきれいですね」なんて言われたこともありましたが、あらそうですか？　なんて涼しい顔。じつは扉を開ければごっちゃりしていたのにね。今となっては懐かしい、思い出のひとつです。

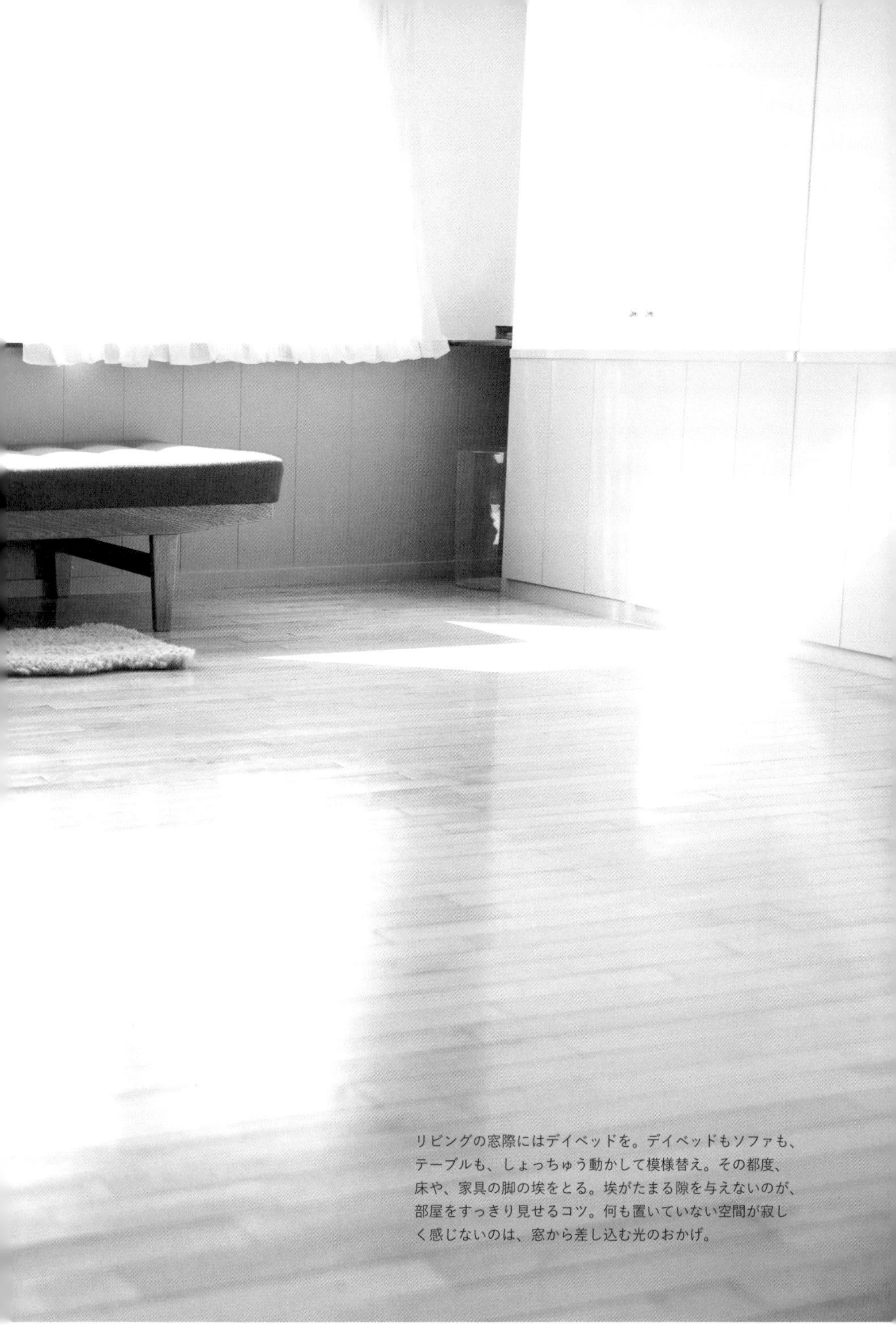

リビングの窓際にはデイベッドを。デイベッドもソファも、
テーブルも、しょっちゅう動かして模様替え。その都度、
床や、家具の脚の埃をとる。埃がたまる隙を与えないのが、
部屋をすっきり見せるコツ。何も置いていない空間が寂し
く感じないのは、窓から差し込む光のおかげ。

動線は
自分の暮らしに
合わせる

ある友人は、すり鉢の場所は把握しているけれど、すりこぎの場所が定まらず。使う時にすぐに見つからないものだから、つい買い足して、気がつくとすりこぎが4本も⁉　なんてことになるとか。またある友人は、バスルーム脇の洗濯機の上にパジャマを置いているものの、下着は寝室のクローゼットだから、結局、パジャマを持って寝室まで取りに行くのだとか。

……これ、ぜんぶ暮らしの動線がうまくいっていないということ。すりこぎはすり鉢の中へ。パジャマと下着は近い場所へ。それで万事うまくいくはずです。なーんて言っている私もじつはこの前まで、ものをあっちこっちに移動して、無駄な動きをしていました。いい例が「洗面所には基礎化粧品とメイク道具を置くもの」という、刷り込み。お風呂上がりはリビングで肌の手入れをするし、メイクはダイニングのテーブルでするのだから、なにも洗面所に置かなくても、ということにやっと気がついたのです。

以来、化粧水やボディローション、オイルの類はリビングのデイベッド脇のかごの中へ。下着とメイク道具はリビングの引き出しへ。これで洗面所とリビング・ダイニングを行ったり来たりしていた毎日に終止符が打てたのでした。

キッチンやお風呂に本があったり（いつでも本が読みたい人とか）、玄関にスーツケース（旅好きな人とか）を置いていたりしても、それが便利で心地いいのなら、それでよし。自分の暮らしの動線は、自分主体で考えていいのではないかしら？　なんて思うのです。

かごの中に入っているのは、ティッシュとスキンケアのアイテム。リビングで着替えやメイクをする私には、洗面所よりここにあるほうが都合がいい。「自分の動線」よくよく考えると暮らしがスムーズになります。

ハンカチは白で統一

リビングのチェストの一番上の引き出しには、アクセサリーと香水、それからハンカチを入れています。メイクを終え、その日につけるピアスやリングをえらび、香水をシュっとしたら、最後に手にとるのが白いリネンのハンカチ。私にとってハンカチは「おしゃれのしあげ」。家から外へ出る時の、気持ちの切り替えのアイテムでもあるのです。

引き出しの中には、まっ白なハンカチが10枚。以前は、無地に花柄、ストライプ……といろいろ使っていたのですが、このリネンのハンカチに出合って1種類に統一することにしました。ベッドルームといい、ハンカチといい、どうやら私にとって白は、特別な色みたい。色をえらぶ時の最終地点が「白」のような気がします。

ハンカチは、洗濯したらアイロンをかけてぴしっとさせます。以前、リネンコットンの大判のハンカチを使っていた時は「シワも味」とばかりにノーアイロンで使うこともありました。その時、私は30代。まだまだ若かったから、ハンカチもカジュアルな使い方でよかったのです。けれどもだんだんと歳を重ねて、肌の質感も変わってきて……今はやはり、ハンカチはきちんとアイロンがけしたものを使いたい。そんな風に気持ちが変わってきました。

これから先もきっとこの気持ちは変わらない。ハンドバッグから、白いリネンのハンカチを出し、美しく（そしてさりげなく）使う。そんなおばあちゃんになりたいし、なるために努力をしたいと思っています。

チェストの引き出しには、ぴしりとアイロンがかけられたハンカチが大小それぞれ5枚ずつ。いつでも、きれいをキープしたいからストックも10枚。これでしばらくは安泰です。

する

・出したらしまう

・「なんとかなるさ」と思う

・1日の終わり、メールの受信は0にする

・返事は即座に

・毎日拭き掃除

・素材を吟味する

・自分の営業時間を決める

・時々、クローゼットを点検

・人の意見を聞く

・自分をよく見る
・贈りものは、ほどほどの量に
・ごみ箱を深呼吸させる
・適量を考える
・白湯を飲む
・行き詰まったら深呼吸
・ぼやきは一度まで
・困ったらプロに頼る（お金のことや車のことなど）
・良いものをえらぶ

自分をよく見る

5年くらい前のこと。旅先のホテルのバスルームで、なんとはなしに洗面所についていた拡大鏡を見たら……毛穴やらムダ毛やら肌の荒れやらがババーンと目に飛び込んできました。なんだか自分がすごいことになっている。こんなに間近で人と接することはないとしても、大人の女のたしなみとして、ちゃんとせねば。そう思ったのでした。

すぐに探したのは拡大鏡。ふだん、ダイニングでメイクするので、テーブルに置けるスタンドタイプのものを。Googleの検索ワードに「拡大鏡・スタンド型・シンプル」などと入れ、えらんだのが、片面はふつうの鏡、もう片面は拡大鏡がついたこちらのタイプ。その日からというもの、メイクをする時には必ず拡大鏡を覗き込み、ムダ毛や肌の調子をチェック。毎日、何かしらの発見（というか驚き）があるもので、これがあるのとないのとでは自分の顔の様子はだいぶ違う。よかった……とほっと一安心しました。

そんな矢先、撮影現場でメイクさんが使っていたのが、折り畳み式のこちら（下）の鏡。「移動が多いので、持ち運びに楽だし、顔全体が入る大きさなので重宝してます」とのこと。「メイクする時、寄りで見るのも大事だけれど、全体を引きで見るのも大事」というその言葉にも深く納得。それからというもの、朝は毎日、このふたつの鏡を出して寄りと引きで自分の顔を確認。人から見たらそんなに変わったようには見えないと思うけれど、自分に対する心構えはまったく違う。歳を重ねるごとに身だしなみはきちんとしたいものです。

上／鏡にはライトがついていますが、私は自然光があたるリビングでスキンケアやメイクをします。拡大鏡を覗き込みながら、今の自分の現実をちゃんと受け止めることが大切。
下／折り畳めばぺたんこになるので収納場所もとらない。撮影の現場では、メイクさんがどんなものを使っているか、興味津々。気になったものはすかさずチェックして、同じものを買うこともしょっちゅうです。

ヘアケア

髪に関しては、3週間に1度のカットとカラーに行っているだけで、なんとなく安心して日々のケアをおざなりにしていた私。ドライヤーは使わず、自然乾燥。20年来お世話になっている美容師さんのカットがとても上手なので、それでもなんとか形になっていたのです。

ヘアケアやスキンケア、メイクも大好き、という娘からすると驚きみたい。なにせ彼女は、夜お風呂から上がったら髪を念入りにブローして、摩擦を防ぐためにシルクのキャップ（オスカルのばあやがかぶっているようなものを想像してください）をかぶって寝ているのだから。

そんな娘が欲しがったのが、このドライヤー。ドライヤーといえば「髪を乾かす道具」だと思っていた私にとってこれは画期的。髪にハリやコシを与えるばかりか、ぱさつきがちな髪がつるつるになるというまさに「髪の美容機器」。徐々に髪がつやっとしていくのを実感した私は、髪および頭皮のケアに開眼したのでした。

自然乾燥はNG。シャンプー後はきちんと乾かし、枕にはシルクのカバーを。また、毎朝、髪を整える前にスカルプセラムをつけて頭皮をマッサージ。髪が頼りなくなる前に、できる限りの予防をするようになりました。肌の手入れにくわえて髪も……となると、なかなか大変ですが、髪がつやつやしていたほうが、いいに決まってる。無理して年齢に抗うのは嫌だけれど、ある程度はケアをして、やがてくる「おばあちゃん期」を迎えたいと思っています。

上／かけるたびに髪がつやつや？　嘘のようなドライヤーは、レプロナイザー。髪が頼りなくなってきた……

そんな人にもおすすめです。私が、すごいすごいと言うので釣られて買った友人、多数。

下／頭皮ケアは「東洋漢方と西洋ハーブ、そしてサイエンスの融合」という、TWIのスカルプセラムを愛用。

香りがさわやか、使い心地はさっぱりしているところがいいんです。

指や手にきらきらしたものを

「手の年齢はごまかせない」なんて言いますが、まさにその通り。若い子の手のなんと瑞々しく、ハリのあることよ……ゴム手袋をしたり、ハンドクリームを塗ったりしてケアするものの、やはりどうにもならない。いったいいつから、こんなにシワっぽくなったんだっけ？　とやるせなくなります。

でもね、ひとついいことがあるんです。それは「きらきらしたリングやブレスレットは、ある程度、年齢を重ねた手のほうが似合う」ということ。

以前だったら、ジュエリーの煌《きら》びやかさに自分が負けてしまっていたけれど、ある年齢を超えてから、急に似合うようになる。それも、少々派手かな？　と思うような、大きな石がついたものが。

30代の頃に、お母様から大きなオパールの指輪を譲り受けた友人は「もらった時は、こんな大きな石、似合うわけないって思っていたけれど、今なら大丈夫。手に貫禄が出てきたからかな？」なんて言っていましたが、なるほどたしかに。手にハリが少なくなってきたのは、貫禄がついてきたとも言える。

歳を重ねて、ある日突然、持っていた服が似合わなくなった、なんてことはあったけれど（そしてそれは今も時々ある）、似合うようになるものもあるんだ！

これは、うれしい発見でした。きらきらした石も、これからは臆することなくつけられる。指や手にきらきらを足して、いつもすてきな手元でいたい。リングやブレスレットって、自分が唯一眺めることのできるアクセサリー。気分を上げてくれるアイテムでもあるのだから。

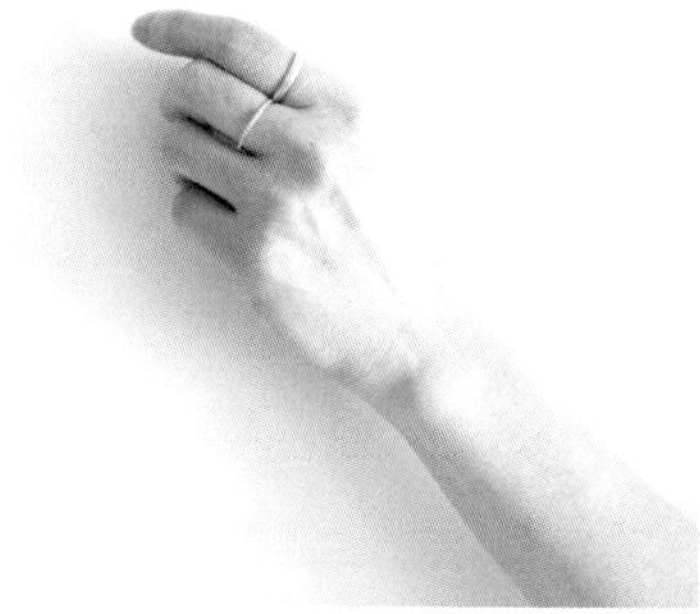

私のきらきらコレクション。比較的買いやすいお値段のものもあれば、ティファニーやカルティエなどのハイブランドもあり。若い頃は臆して入れなかった、これらのお店も、今は入れるようになりました（これも大人になった特権と言えましょう）。つける時は、きらきらがより美しく見えるようハンドクリームを塗り込み、爪も整えて。今、欲しいのはパールのリング。これ買うために仕事がんばろう、なんて励みにもなっています。

素材を変える

昨日まで着ていた服がなぜか今日から似合わなくなる。鏡に映った自分がどうも変。どこがどう変わったか分からないけれど、明らかに何かが違うのです。そうか、これがよく言う「○○歳の壁」なのだ。ついに私にもきたか、と実感したのが30代の終わり頃。クローゼットの中をひっかきまわし、次々と着てみるけれど、あれもだめこれもだめの連続。途方に暮れて……を何度となく繰り返してきました。

ここ最近は現実を受け止めつつ、ではどうしよう？　と対策を練りつつ試す日々。デニム、タートルニット、Tシャツ、それからボーダー。10代の頃から好きなアイテムも、前と同じものを着ていたのではだめ。今の年齢に合う形や素材があるということに気づいてからは、気持ちがちょっと楽になりました。

たとえばこのボーダー。Tシャツ素材ではなく、ちょっとてろんとした素材をえらびます。光沢があるから肌もきれいに見せてくれるし、体の馴染みもいい。そして「洗った後はきちんとアイロン」がマストです。洗いざらしがいい、という時代は、どうやら私には過ぎたみたい。大人のカジュアルは清潔感と折り目正しさが大切なのです。

服えらびに迷ったら、同世代のデザイナーが作るブランドをえらぶのも手。デザイナーといえども歳を重ねる速度は一緒。気になる腰回りや二の腕、肌の質感などをカバーしてくれる服を作ってくれるところも多く、頼りになる存在。しっくりくるものがきっと見つかるはずです。

デニムに、ジャケットの下にと、何かと重宝する、てろん、とした素材のボーダーのトップス。形がカジュアルだったら、素材はいいものをえらぶ。これ、大人の服えらびの条件かも。とても重宝しているので、同じものをあと２枚くらい買っておけばよかったと後悔するくらいの気に入り。

水分ときどき油分

「すごい吸うよねぇ。嘘みたいに」とため息混じりに言ったのは、ひとまわり年上の友人。肌の話をしている時の実感こもった一言でした。

肌が敏感な私にとって、乾燥は一番の敵。30代の頃から人一倍、乾燥に気をつけて肌をケアしてきたつもりですが、この言葉には深くうなずいてしまいました。そう、塗っても塗っても「吸う」んです。

朝起きて顔を洗ったら、水分がうっすら顔に残るくらいに軽くタオルドライ。その後、間髪入れずに化粧水で保湿。お湯を沸かす途中でまた保湿。モップをかけてまた保湿。家事の合間に繰り返すこと5〜6回。夜も同じことをするので、化粧水はすぐになくなります。その後、クリームを塗ったりオイルを塗ったりと大忙し。肌にかける時間って1年のうちいったいどれくらいなんだろ？

けれど、手をかけた分、効果が現れる場所でもあるのが肌（髪も）。時々「しっとりしてますねぇ」なんて褒められたりすると、それはうれしいものです。

肌や髪につけるもの、おすすめはいつもヘアメイキャップアーティストの草場妙子さんに聞いています。私のことを熟知してくれているから安心。なにより草場さんご自身が使った上で「いい」となったものは説得力がある。ここに並べた化粧水やオイルのように、草場さんのおすすめで私の定番になったものはとても多いのです。

メイキャップよりスキンケアに重きをおくのは、部屋を飾るより掃除や片づけに気を配るのと同じ。まずは元を整えることが一番と思っています。

化粧水は、OSAJIやFUKUBISUI、WELINAを、その日の肌の状態によって使い分け。真ん中のかわいい瓶は、ネロリラボタニカの2層式セラム。化粧水で整えた後、手で包み込むように馴染ませます。首やデコルテにも、手にも塗ります。右端は、軽やかな仕上がりのJEANLOUPのヘアオイル。どれもすべて草場さんに教えていただいたもの。その隣、ハンドケアのアイテム。ハイブランドのハンドクリームは贈りものにも。黒いフタは、BELLEMAINのスプレー式ハンドローション。

バッグは小さなものを

世の中は、荷物の多い人と少ない人の2種類に分けられると思うのですが、私はだんぜん少ないほう。仕事柄、撮影に出かける時は「引っ越しですか？」というくらいのものの量なので、その反動もあるみたい。仕事以外で重くてかさばる荷物を持つのがとにかくいやなのです。

食事に出かける時は、小さなバッグにハンカチとリップ、スマートフォン（スマホのケースの中にカードとお札を数枚しのばせて）を入れて。アンティークのビーズやファー、チェーンがポイントのこれらのバッグは、持っているだけで心躍る。小さくって平たく場所も取らないので、旅先にもいくつか持って行き、服を着替えるようにバッグも着替えます。

向田邦子のエッセイに「小さいバッグを持つのは末っ子が多い」というようなくだりがありました。長女は出先で困らないように、あれもこれもと荷物を増やす。対して末っ子は、足りないものがあったら他の人にちゃっかり借りる、というのです。それを読んだ時に、まさに私は末っ子……。うまいこと言うわ、と納得したものです。困ってもどうにかなる。なかったら借りればいい。心の奥底で、いつもそんな風に楽観的に思っている自分がいますから。

ある編集者は、ハンカチにティッシュ、メイク道具、のど飴、スケジュール帳に仕事の資料、パソコン。コロナ禍のここ2～3年で除菌スプレーに除菌シートも増えたとか！　あると安心、ないと不安。どうにかなるさの私と対照的で、人の心の持ちようっていろいろだなぁ、おもしろいものだな、なんて思いました。

振り返ってみると、子どもの頃からずっと小さなバッグが好き。用途とかそれ以前に、見た目に惹かれるようです。とくに昭和のお母さん(母とかサザエさんとか)が持っていたようなハンドバッグに。持ち手のついたハンドバッグにくわえ、少しずつ増えているのはクラッチタイプや、ファーやがま口などのちょっと変わった形のもの(写真右)。お財布やスマホは入らず、ハンカチと鍵を入れたらそれでいっぱい、という大きさですが、持っているだけでうれしい気持ちになるから、それでよしとしています。ブランドにはとくにこだわらず、えらぶ基準は「ピンときたもの」や、ちょっと小粋なもの。バッグもアクセサリーの一部と考えています。

靴は写真つきで収納

器や洋服は、増えたら見直してだれかに譲り、常に一定量を保っているのに、どうしてもそうできないものがあるんです。それが靴。

シーズンごとに新調したくなるし、たくさんあるものだから簡単にだめにもならない（捨てる理由がない）。増え続ける靴を、時々ずらりと並べては、いいなぁ、かわいいなぁとひとりニヤニヤ。ジュエリーよりもバッグよりも、もしかしたら靴が一番好きなおしゃれアイテムかもしれません。

「片づけが趣味」とも言えるすぐ上の姉に、靴が増えて、どこに何があるか分からない時がある、どうしたらいい？　と相談をもちかけたところ、少し考えて「何があるか分かるくらいの量にすればいいんじゃないの？」と、まっとうすぎる答えが。それができないから聞いているんじゃないの！　と思ったのですが、どう対処するかは自分で決めるしかない、ということですね。

靴の収納に関しては、白い箱に統一したり、箱から出してウォークインクローゼットに並べたりと紆余曲折、試行錯誤の日々でしたが、今は、買った時の箱に入れて、分かりやすいように写真を貼るという方法に落ち着いています。

靴は、履いたら固く絞った布で底を拭き、一晩玄関に置きます。手入れが必要だったら、クリームを塗ったりブラシをかけたり。底がすり減っていないかなど、チェックするのもその時。いつか、アメリカのドラマ「ＳＡＴＣ」の主人公キャリーのようなシューズクローゼットを持ちたいと思いながら、靴と向き合う日々なのです。

前はポラロイドで撮っていた靴の写真ですが、今はスマートフォンで撮り、近所のプリント屋さんでプリント。ちょうど箱に貼りやすいサイズがあるんです。服同様、1年に2度、靴も衣替えならぬ靴替えを。3月にはサンダルを9月にはブーツを出します。寒かったり暑かったりと困ることもありますが「おしゃれは足元から」。

ハンガーを増やさない

ウォークインクローゼットの奥には、ハンガーラックが2本。ここに季節の服をかけています。ハンガーは木製のものを使っていましたが、つるつるした服が多くなってきた（98頁）だけに、ちょっと触っただけですべり落ちてしまう。出かける前など、これがストレスでストレスで。ああ、これはどうにかしないとと思い、試しに買ってみたのが、ゴムのような加工が施されたMAWAのハンガー。年とともに似合う服が変わってくるのと同時に、使うハンガーも変わるのですねぇ。

このハンガーになって「すべり落ちない」以外に、よかったことがもうひとつ。今まで使っていたものより、幅がないので服がたくさん収納できるようになったのです。

とはいえ調子に乗って増やすのは厳禁！　と自分を戒め、服がぎゅうぎゅうにならないよう、ハンガーの量を「これくらい」と決めました。服が増えたら、その分減らす。ハンガーが一定量を保つ目安になるのです。

写真はパンツがかかっている様子。色ごと素材ごとに分けていますが、きれいに見える秘訣がひとつ。パンツのウエスト部分を挟む時、手前を2センチ、ハンガーの幅から出して揃えること。

帰ってきたら服にさっとブラシをかけてハンガーに戻す。こうすれば、いつでもきれい。服の収納も、靴の収納も「出したらしまう」が基本。とは言っても、忙しい日が続くとなかなかそうもいかなかったりするんですけれどね。

最近すっかりパンツ派。黒やネイビーの定番の色に加え、最近増えてきたのは、きれいな色。つい最近も、ピンクのパンツを買いましたが、もちろんその分、１本は年下の友人に引きとってもらいました。

シルクとカシミヤ

「大人になったら、シルクやカシミヤなど、いい素材のものをえらぼう、なんて聞くたびに、ふーん、そんなものなのか……って思っていたけれど、40代になって、それが肌感覚として理解できるようになった」。そう言ったのは、ひとまわり年下の友人。着たいものより、肌にやさしく気持ちのよいものを。となると必然的に、シルクやカシミヤをえらぶようになってきたのだとか。

20代の頃、はじめて買ったカシミヤストール。その肌触りのよさにうっとりし、これに似合う大人になろう、そう心に誓った私。その後、ニットや毛布、靴下など、カシミヤのアイテムが少しずつ増えてきました。

それに比例するように、シルクのキャミソールやワンピース、パンツ……今ではピローケースやシーツ、ガウンもシルク。どちらも今や「好き」とか「肌触りがいいから」という理由を飛び越え「これがないといられない」そんな存在。大人になって、それなりにいいものを身につけられるだけの余裕が出てきたのと同時に、そうでなくてはだめな肌になってきたのです。

60代の友人はこう言いました。「もうね、肌がどんどん繊細になっていくのよ」と。今日より明日、明日より明後日……よりよいものでないと肌が受けつけなくなるのだとか。これから先、どんなことが私に待ち受けているのか検討もつかないけれど、カシミヤとシルクはずっと私に寄り添ってくれるはず。

ひとつひとつ吟味して揃えていきたい。いやいかねば。そう思っているのです。

カシミヤの毛布はジョンストンズ。私と娘、１枚ずつ用意。秋から春先にかけて、くるまったり、腰に巻いたり。カシミヤの靴下はSLOANE。靴下にカシミヤなんて、贅沢…… と思ったけれど、これが一度はいたら元には戻れぬ気持ちよさ。秋冬の家の時間が快適になりました。

花は1種類

花を美しく飾っている家に行くと、ああ、いいなぁと素直に思う。では、自分の家では？　と考えると、そんなにいつもなくていい。私にとって花は時々食べる甘いお菓子のような存在。お菓子があるとうれしいけれど、たまに食べるからおいしい。それと同じで、部屋のあっちにもこっちにもあると、気持ちがいっぱいになってしまうのです。

だから花を飾るのは、ちょっとした自分への褒美。月に1〜2度、仕事が一区切りついたとか、週末家でゆっくり過ごしたい、そんな時に。買うのは大抵、いつも近所の花屋で。枝ものならあそこの花屋、ちょっと洒落たものを置いているのはあそこ。買いもの帰りに、ふらっと立ち寄れる花屋が、近所に数軒あるのはありがたい。包みは簡単で、というのもみんな分かってくれているから気も楽で、買いものかごに買ったばかりの花を入れぶらぶら歩いて帰ります。

花はいつも1種類。長いこと白い花ばかりえらんできましたが、去年あたりからブルーや紫系の花も好きになりました。この変化っていったいなんなのだろう？　と不思議に思っていますが、年齢を重ねていくごとに、赤やピンクが好きになったりして。それもまたおもしろそうだなぁと思っています。

買ってきた花はすぐにバケツへ。じつは我が家、フラワーベースがひとつもないのです。バケツやワインの空き瓶、または大ぶりのピッチャー。そんなものがフラワーベース代わり。いかにも「飾りました」というより、飾っている途中？　と感じさせるくらいが私にはちょうどよいのです。

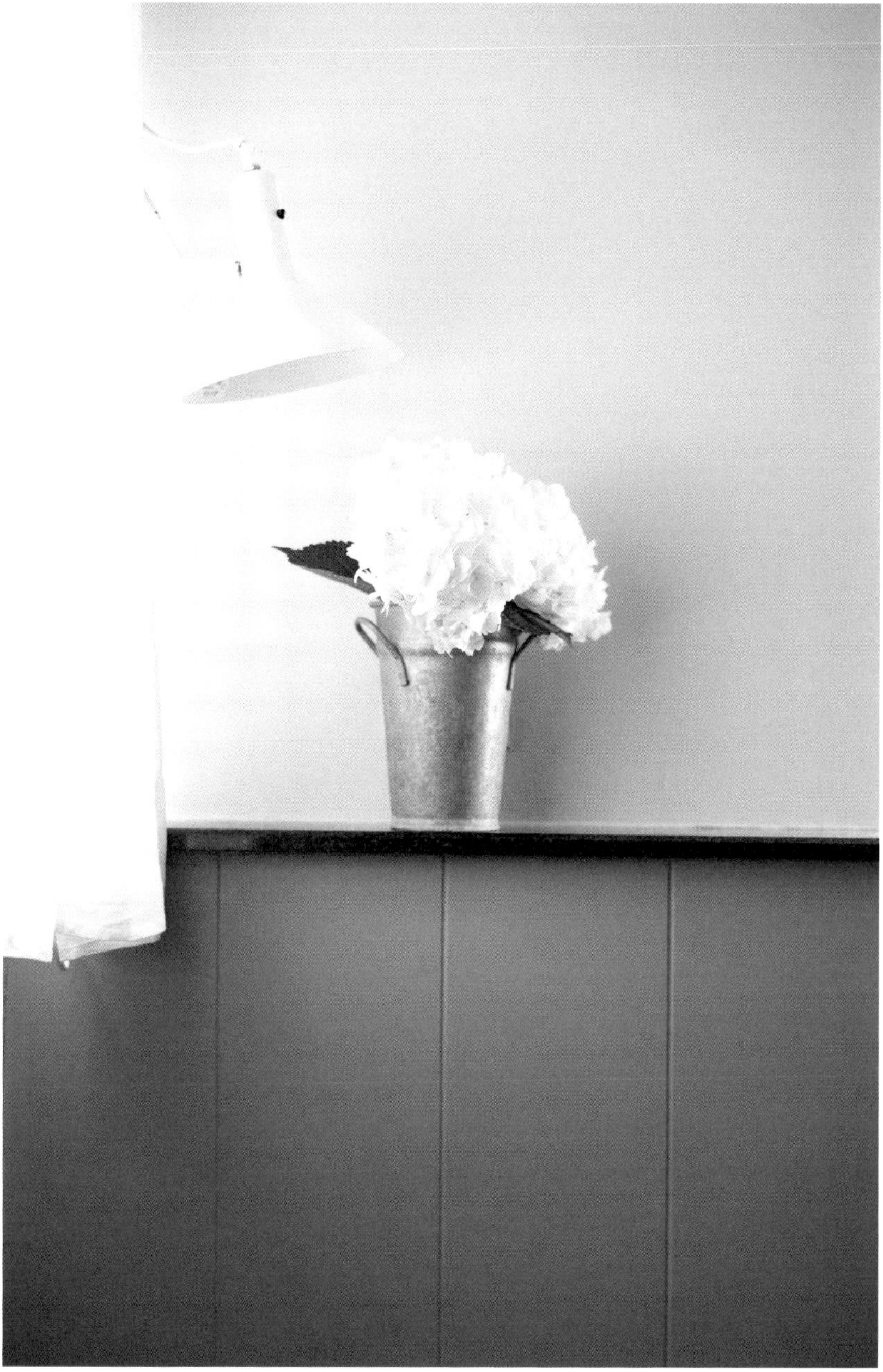

今日えらんだのは、白い紫陽花。これを小さなバケツにポイ、と入れます。白やブルーの花をえらぶのは、壁にしっくり馴染むからかも。花は主張しすぎず、部屋にさりげなくいて欲しいから。

家具のメンテナンス

外に出かけるのも好きですが、それと同じくらい、家にいることが好き。いや、どちらかというと家の中にいるほうが好きかもしれない。その好きな空間で、自分とともに過ごす家具えらびは、私にとってとても重要です。

我が家の家具のほとんどは北欧のヴィンテージ。姿が美しく、きりりとしている部分と、どこかほっとする部分を持ち合わせている、バランスのよさが気に入っています（日本のマンションにも合うと思っている）。

メンテナンスは「週に1度」などとは決めず、乾いてきたな……と思ったら、オイルを塗ることにしています。おもしろいことに、乾くタイミングは自分の肌とほぼ一緒。ああ、集中的にケアしないとだめだ！　となった時にふと家具に目をやると、どうもオイルを欲しがっている（ように見える）。一生ものと思って買ったものだもの、ちゃんと手をかけてあげないとねぇ。

そのオイルですが、「これ」と決めず気ままに買っては試しを繰り返しています。天然由来のものなど、今は気の利いたものがたくさん出ていて、えらぶのもまた楽しい。パッケージも以前に比べるとずいぶんと洒落たものが増えました。塗り方は簡単。布や使わなくなったタオルにオイルを含ませ、家具全体にやさしく馴染ませていく。足りないなと思ったら薄く塗り重ねて。これもまた、肌の手入れと一緒。すこーしずつすこーしずつ、が大切です。

手をかけた分、愛着も増すというもの。しっかりした作りで、飽きのこないデザインをえらび、手入れして長く使う。これ、私の家具のつき合い方です。

乾燥の気になる時に、すぐ対処できるよう、オイルと布はいつもセットでリビング横の納戸にスタンバイ。細かいところもオイルが行きわたるよう、ていねいに塗り重ねていきます。

スキージーでお風呂場の水気をとる

「バスタオルは持たない。家族ひとり1枚ずつ、少し大きめのフェイスタオルで体を拭き、最後の人はお風呂場全体をそのタオルで拭く」とか「足拭きマットがかっこ悪いから、お風呂上がりはお風呂場で足を拭いて出る」とか。友人知人に、お風呂まわりのあんなことやこんなことを調査してみると、驚きの答えが返ってくることがあります。

「スキージーでお風呂の水気をすっかりとる」という人も多し。いつだったか、友人宅でお風呂場掃除の様子を見せてもらったことがありましたが「1滴たりとも逃すまい」といった気合いの入り方で、スパーッ、スパーッと水滴をとっていました。それはもう気持ちいいくらいに。

子どもの頃から、菓子職人がケーキに生クリームを塗ったり、左官屋がモルタル塗りをするのを見るのが大好きな私にとって、その光景もまた心をギュッとつかまれるものがありました。

以来、友人の姿を思い出しつつ、お風呂上がり（湯冷めに気をつけつつ）スキージーを使ってスパーッ、スパーッと水気とりをしています。使ったあとは、バスルームのタイルの壁に立てかけておけばからりと乾いて気持ちがいい。このおかげで、お風呂掃除の回数は激減しました。

キッチンも洗面所もそうですが、水回りって水気をいかに拭きとるかが、きれいを保つポイント。面倒がらず、使ったらその都度、拭いたり水気を切って。これ、家事の基本だなぁ。

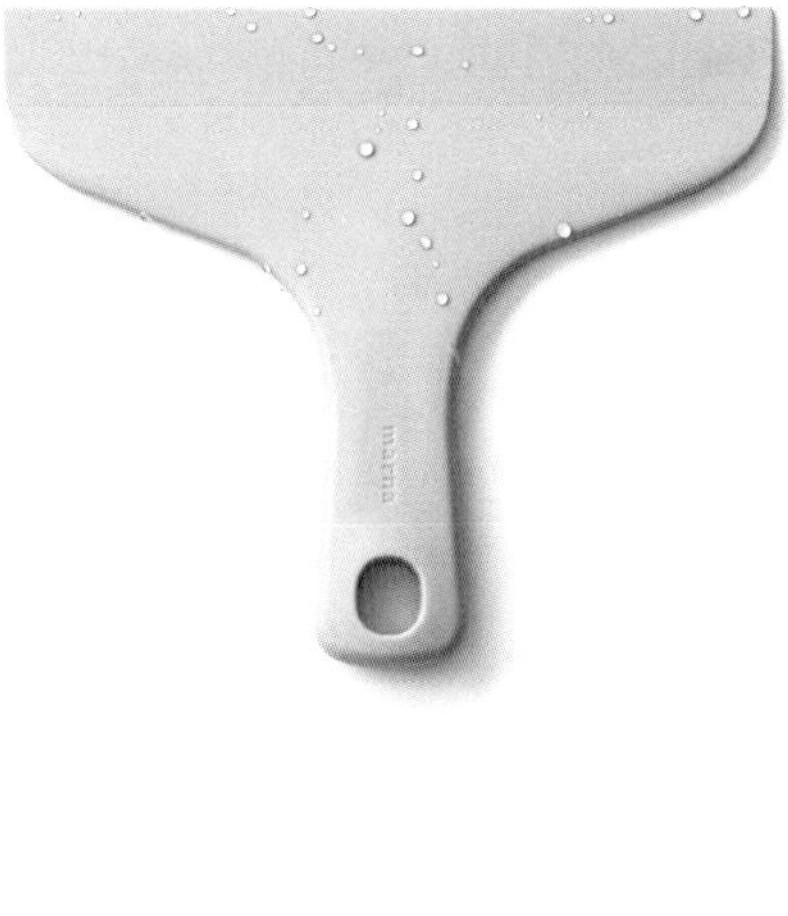

スキージーはマーナ。接合部分がないので、これ自体の水切りもラク。小ぶりなところと、白いバスルームに馴染む白に近いグレーが気に入りポイントです。

タオルは適量に

洗い立てのタオルの、ちょっとゴワッとした感触が好きです。とくに夏の日差しの下で乾いたタオルが。なので、洗ったらすぐに使う。使ったら洗い、また同じタオルを使う。……でもある日、気がつきました。だったら替えのタオル、そんなにいらないんじゃない？　ということに。

だから我が家は、バスタオルは人数×2倍の4枚。フェイスタオルは×3の6枚。来客も使うハンドタオルは8枚と決めました。じつはかさばるバスタオルはひとり1枚でもいいのではと思って試してみましたが、さすがにそれは無理。すぐに2枚買い足しました。あまり多すぎてもうまく使いきれないし、場所も取るし。少なければ少ないでまた不便。タオルの適量って、その家（人数とか暮らし方とか）ごとに全然違う。難しいものです。

タオルは洗ったら、見える側を折山にして、きれいに畳みます。これはその昔、私が子どもだった頃に母から仕込まれました。「だって、その方が横から見た時、きれいじゃない？」なんて言っていましたが、実家から独立してずいぶん経った今でも、その言葉をよく思い出す。少しの工夫で、家を快適にする術を母からは学んだように思います。

合計18枚を総とっかえするのは半年に1度。グレー、もしくはまっ白を、その時の気分でえらびます。今のところグレーを買うことが多いけれど、白もやっぱり好き。いずれにしても、洗い上がって畳む時の折山は手前。「だって、そのほうがきれい」だから。

ホテルのタオルのような質感。それでいて乾かしやすい大きさ。さっぱりした使い心地のweeksdaysのタオル。洗面所にタオルウォーマーを設置して、さらにタオル環境がよくなりました。うれしい。

洗面所の改装

今の家に住んで5年ほどになりますが、入居の際に壁や天井の塗り替えと、ドアやドアノブを変えてまずは終了。その後、住みながら不便なところや気になるところを少しずつ改装していきました。住みながらというのは、なかなか面倒なのですが、それでもやっぱりまずは暮らしてみないと、どう改装したいのかはわからない。その家の動線や、光の移り変わりをきちんと把握した上で、いい具合に改装していくのがベストだと思うのです。

今年に入ってすぐに、手をつけたのが洗面所。使いづらくはないけれど、見た目にややありきたりのその洗面所が、どうも気になっていたのです。

さてその改装ですが、収納たっぷりの三面鏡を作ることはすぐに決定。その後、天板を無垢の木にしようか、石にしようか。水栓金具はどうする？ 洗面器は？ タイルの形は？ 1畳ほどの空間ですが、決めることはたくさんです。

試行錯誤の末、洗面台は思い切ってヴィンテージのキャビネットに穴を開け、その上に陶器の洗面台を置くことにしました。

洗面台を家具にすることで、「水回り」という印象から「部屋の一部」に変わったみたい。キャビネットの左横には念願のタオルウォーマーもつけて、からりと快適になりました。

顔を洗ったり、歯を磨いたり、髪を整えるのもここ。毎日使う場所なのだからできるかぎり気分よくしたい。よくよく考えてみると洗面所に限らず、どの場所も「気分よく暮らせる」が私のテーマ。これからも改装は続きそうです。

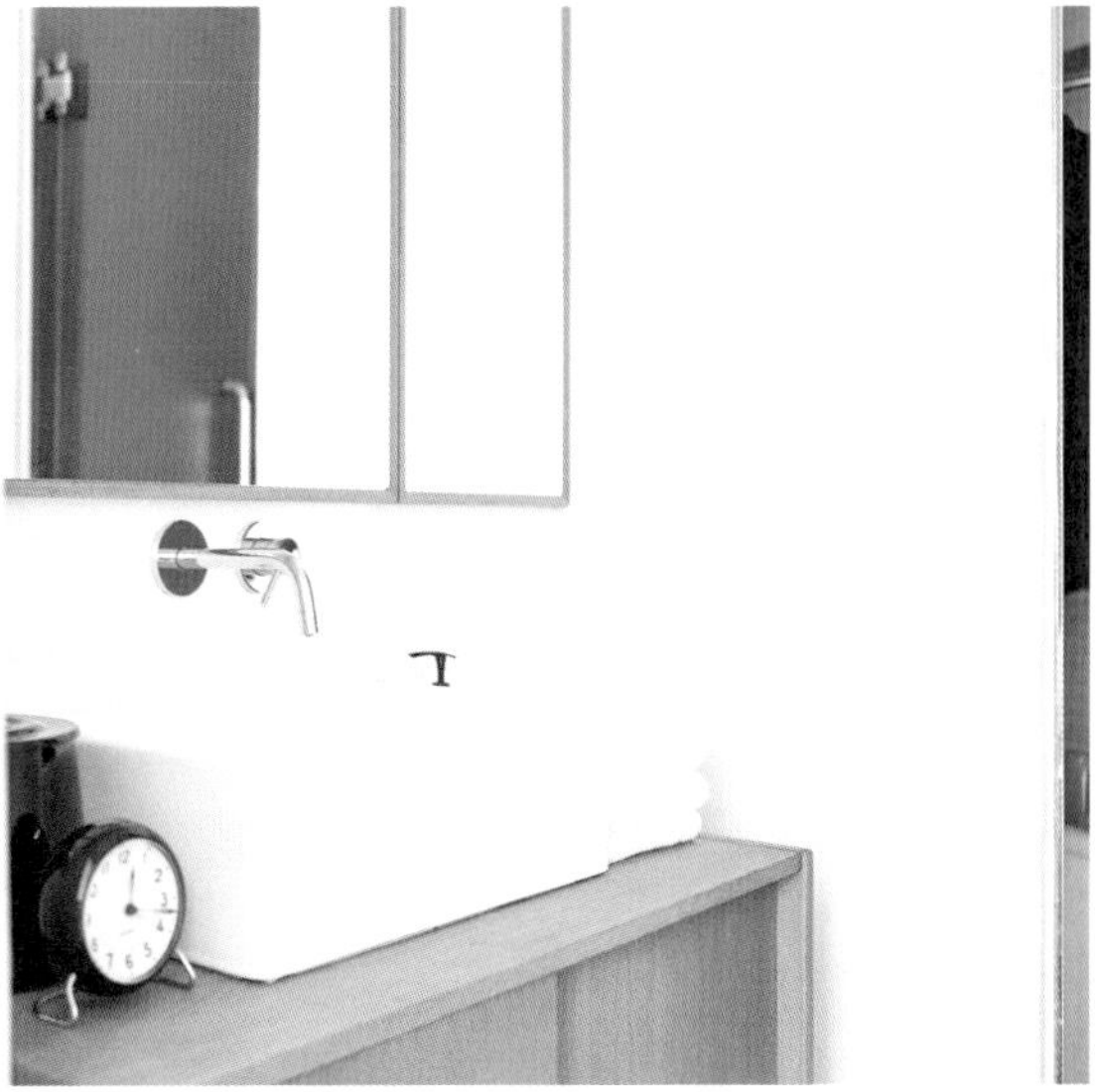

上／キャビネットに合わせて、三面鏡の縁もオーク材に。中に入れているのは、スキンケアのアイテムやシャンプーなどのストック。15センチの奥行きは、入っているものが一目瞭然。「間違って、同じものまた買っちゃった！」なんてうっかりもなくなりました。
下／キャビネットに穴を開け、配管を通しました。床が見えるようになった分、部屋感が増し、さらには掃除もしやすく。

玄関の改装

半円のコンソールテーブルはweeksdaysのオリジナル。ナチュラルと黒があって、私は黒を。黒い床とテーブルで、白い空間をきりりと引き締めます。テーブルに合わせて、リトグラフも黒を。これ、なんとモチーフは、沖縄の調理道具「しりしり」。テーブルが椅子になったり、額を変えたり、花を飾ったり。ちょこちょこ模様替え。

洗面所の改装とともに、思い切って玄関の改装もすることにしました。本当は30センチ角くらいの黒いタイルにしたかったのですが、玄関のサイズとタイルのサイズが微妙に合わず、断念。黒いタイルはまたいつか、別の場所の改装に使いたいと思っています。キッチンの床とかね。

最近、インテリアに黒やグレーを持ってくるのが私の流行り。だったら玄関もシックに黒っぽく……と思った上での改装だったのですが、黒っぽい玄関ってどんな感じになるんだろう？　と当初、じつは不安もありました。

そこで左官屋さんに薄めのグレーから黒に限りなく近いグレーまで4種類ほど、モルタル塗りのサンプルを作ってもらい、数日、玄関に置いて自然光と照明の光の加減、あたり具合を検討。最後に決めたのは最初の予想通り、一番黒に近いグレーだったのでした。

このモルタル、結果は大正解。家全体が引き締まるし、埃が目立つから、掃除にもいっそう気合いが入ります。「埃や汚れが目立たない」というのも床材をえらぶ理由のひとつになるかもしれませんが、私はあえて、目立たせたいと思うタイプ（だってそのほうがいつもきれいを保てるから！）。

改装を終えて、2カ月あまり。今やすっかり馴染みました。コンソールテーブルを置いたり、時には椅子を置いたり。フレームを変えたりして、部屋同様、模様替えを楽しんでいます。「家は玄関の顔」。いつでも、きれいに美しく整えていたいものです。

新しいことに挑戦する

毎年、何か新しいことに挑戦したいと思っています。5年前は、「ほぼ日」内のショップ「weeksdays」を立ち上げること。3年前は、会社を作ることでした。これらは私の中では思い切った挑戦。でも、もっとささいなことでいいんです。朝起きたらストレッチをするとか、それくらいの、すぐにできそうな「新しいこと」。昨日より今日、今日より明日、いつも新しい何かに向かっていたい、そう思っているのです。

今年も、いろいろと取り組みたい仕事はあるけれど、ひとまず仕事は置いておいて、ずっとしてみたいことがありました。それは「織り」。パタン、パタンという音を立てながら縦糸に横糸を重ねていく。そしてやがては、1枚の布になるなんて、なんとすてきなことではありませんか。

まずは工房で何回か体験させてもらい、試し織りを。好きな色合いを探ったり、どんなものに仕上げたいかイメージ。意外だったのは、根気がない私が、ごはんを食べるのを忘れるほど没頭したこと。休み休み少しずつやれたらいいなぁ、なんて思っていましたが、織り出すと止まらぬおもしろさだったのでした。

工房に通って3カ月あまり、もうすぐできあがるのは蘇芳《すおう》で染めた帯の反物。これからお湯に通す「湯のし」の作業。そして仕立てへ。仕立てている間に、一度挫折したことのある着付けを習おうかと思っているところ。

新しいことを始めると、そこからまた何かが動くもの。それも「新しいことに挑戦」のいいところです。

上／蘇芳で染めた、こっくりとした赤。縦糸も横糸もこの赤で。完成はもうすぐ。できたらすぐに帯に仕立て、着付けを習う予定です。

下／試し織りした布。結局、えらぶのは白やグレーになる。やっぱり好きな色なのだなぁと実感。この布はやがて古帛紗《こぶくさ》を縫う予定。

写真の整理

もうカメラはいらない。10年くらい前のパリ旅行をきっかけに、スマートフォンに買い変えて以来、写真はすべてiPhoneで撮っています。その間、何代か変わりましたがずっとiPhone一筋（パソコンも初代からMac。生粋のアップルユーザーです）。写真はすべてパソコンの中になり、おかげで整理もずいぶんしやすくなりました。

でも困ったのは、それ以前の一眼レフやポラロイドで撮った紙焼き写真の整理。ことに娘が生まれてからは、撮るには撮るけれど、アルバムにする余裕など、一切なし。写真はたまるばかりです。これをいつかどうにかしないと……とずっと後回しにしていました。

よし、今が片づけ時だ！　そう決意したのは緊急事態宣言の時のこと。できるかぎりシンプルで黒い台紙のアルバムを数冊買って、年齢（月齢）順に写真を分類。似たような写真は思い切って処分し、「なるべく少なく」を心がけました。片づけ途中によくあることですが、手が止まって見入ったり、娘を呼んで、こんな時期あったんだねぇと一緒に懐かしがったり。そんなことをしながら、少しずつ進め、3日くらいかかって、ようやく4冊にまとまった時は、達成感でいっぱい。うれしかったなぁ……。生まれた時からの思い出をまとめたこのアルバムは、娘が独立した時に、すべて渡そうと思っています。見たくなったら、娘のところに行けばいい。「終活」ではないけれど、写真の整理を終えたところでちょっと心が軽くなりました。

生まれた時から、６歳くらいまでの写真を、アルバム４冊に納めました。紙焼きの写真の整理は、ずっと手つかずのままで、モヤモヤしていたので終わった時は、ヤッター！　と（心の中で）ガッツポーズ。集合写真など、ここに入らないサイズの写真は、箱にまとめ、これですべての写真の整理が終了。

思い出は心の中に

「アルバムは家族ひとりにつき1冊」と言う人もいれば、「学生時代のものは中学で1枚、高校で1枚、大学で1枚。あとの残りはすべて処分」なんて、竹を割ったような人もいる（これにはさすがの私も驚きました）。かと思えば「いらないかな？　と思うようなものでも、すべて取ってあります。だからアルバムもCD-ROMも、すごいことになっている」と言う人もいて、写真とのつき合い方って、その人柄が出るものだなぁと思います。写真＝思い出、と考えると、写真の整理法ってその人の思い出との向き合い方、とも考えられるのかも。

黒い台紙を使ったアルバムは、20代の頃のフランス旅行をまとめたもの。問にカフェでもらった角砂糖の包みや、美術館のチケットなどを写真とともにコラージュしたりして。旅だけでなく、その後の写真の整理ごと楽しんでいたのです。

アルバムをめくると、重い一眼レフを持って歩いたパリの匂いや、市場の人いきれ、自分の時間を自分のためだけに自由に使えたあの頃を思い出す。それを思うと、こうしてまとめておいてよかったなぁ。そんな風にも思います。

ここから先、きっとこんな風に紙焼きの写真でアルバムを作ることはなさそうだけれど、思い出は心の中につまっているから、それで十分。今は、デジタルとして残っているもの以外に、母が作ってくれた子どもの頃のアルバム1冊と、20代の頃に旅したものをまとめたアルバム2冊。それから、小さな箱に入った写真が少し。それが形になっている私の思い出のすべてです。

黒いファイルと黒い紙を買い、両面テープで貼ったパリのアルバム。カラーあり、モノクロあり。この時は一眼レフを持ち歩き、写真を撮っていたんだなぁ……。それを考えると、今はスマホでぱちりと撮るだけ。ずいぶん身軽になったものです。ファイルの中には、当時かわいい！　と感激した、マルシェのフルーツ柄の袋なども。

インテリアに黒を

あ、あっちにも！　あれ、こっちにも？　ふと、あたりを見回すと、家の中に黒が多い。どうしてだろう？　と思ったけれど、ああそうか。黒って「引き締め役」なんだ、ということに気づきました。

　ダイニングテーブルの上のシェードも、白から黒に変えると空間がきりりと引き締まるし、白い文字盤の時計も黒の文字と縁が効いているからこそのデザイン。料理だって黒い器に盛るとがぜん映えるんです。

　床は黒いモルタル塗り、壁は墨汁（聞いた時はびっくりしたけれど、建築用のがあるそうです）を塗ったという知人は、キッチンで使うスポンジも、水切りマットも台ふきも黒。なぜにそんなに黒？　と聞いたら「だってかっこいいから！」って。なんとシンプルな答え……と思ったけれど、そうか、たしかに黒ってかっこいい。

　ひとくちに黒といっても、焼きもの、アルミ塗装、鉄、紙、エナメル、琺瑯……といろいろな黒がある。素材が違えば、黒の見え方ももちろん違う。だから飽きることがない。しかもかっこよくって、空間が引き締まるなんて、いうことなしではありませんか。

　もしも、どうもインテリアが決まらないなぁと感じたら、ほんの少し黒をくわえてみては。ちょっと気にしてみると、じつは案外と多い、黒いもの。少し足すと、あれ、なんだか雰囲気、変わったぞ？　なんて思うはず。黒い表紙の本を置くとか、そんなことからまず。

アルネ・ヤコブセンのステーションクロックは、これ以上にないくらいのシンプルさ。ずっと家に時計がなかったのですが、これなら。そう思って買いました。白い文字盤に黒の針とフレームが効いています。

ドアストッパーにしているのは、鉄の古いアイロン。パリのマーケットで見つけ、これよりひとまわり大きいものとふたつ、手荷物で持って帰ってきました。ものすごく重かったのですが、それもいい思い出。

チェストの上に置いたのは、小さな本。ナチュラルな木と、白い壁の空間に黒が少しあるだけで、その場が引き締まるから不思議。ここには陶製の黒い鳥のオブジェなどを置くこともあります。

右／黒の中でも、鉄などの硬い素材が好き。この鋳物の茶香炉、私はオイルウォーマーとして使っています。お客さまが来る時は、30分くらい前に、オイルを数滴と水を少し入れて、キャンドルで温めます。これで準備は万端。陶器やガラス、石など、あらゆるものが混在するダイニングの一角、黒がやっぱり引き締め役。
左／洗面所には、黒い時計とごみ箱代わりの蓋つきポットを。改装を終えたばかり、どことなくよそ行き顔だったこの場所に、ヴィンテージの少々古ぼけたこのポットが、味わいを与えてくれる。鋳物同様、琺瑯も好きな素材。洗面台にした木のキャビネットとの相性もよし。

黒い器に盛ると、料理が映える。シンプルな料理も「ちょっとやるな」と思わせる仕上がりになるのです。手前は20年以上前に買った花岡隆さんの丸皿。その上は伊藤環さん。ほかはすべて島るり子さんの器。

スマホをなるべく見ない

スマートフォンって、便利です。使いはじめて10年ほどになりますが、明日の天気もすぐに調べられるし、腕時計をしない私には、スマホが時計代わり。写真を撮ったり、インタビューを録音したり、地図にもなる。そうそうＩＣカードもスマホの中だ……、ざっと思いついただけでもすごい頼りにしています。使いはじめの頃は「あると便利」だったけれど、今や「ないと困る」存在になっているのですねぇ。

けれども、これはちょっとまずいんじゃないか？　と思ったのは、時々スマホが知らせてくれる、1日の使用時間。たまたま出先で調べものをしたり、ＳＮＳで仕事のやり取りをすることが多かった日とはいえ、2時間半ってどういうこと!?　このままではいけないのでは……と、ちょっと怖くもなったのでした。

少しずつ、スマホに向かう時間をなくそう。では何から？　と思った時に、まっ先にやめたのはインスタグラムを見ること。電車の待ち時間などに、ついつい眺めていましたが、キリがない。だらだら見るのをやめて半年になりますが、これで恐怖に感じたスマホの使用時間が減りました。

あると手に取ってしまうのならば、近くには置かないこと。原稿を書いている時は引き出しの中へ。ベッド脇には、目覚まし時計を置いて、自分をスマホから遠ざけています。仕事をするにも、友だちとのやりとりも、今や欠かせない存在ですが、家に忘れて出かけてもどうにかなるさ、くらいの余裕が欲しい。つき合い方をどうするかは自分にかかっているのですよね。

水筒を持つ

最近、打ち合わせの時などに、ペットボトルのお水やお茶をいただくことが増えました。コロナ禍をきっかけにお茶を淹れるのを（あのボタンひとつで出るのも含めて）やめた、という会社もあるようで、一抹の寂しさを覚える私です。お茶ひとつとっても、淹れ方や器使い、どんなお茶っ葉なのか、そのセレクトにも興味津々。出す頃合いなんかも含めて、その人（会社）を知れる時間だったのですけれどねぇ。しかし世の中を憂いてばかりいてもしょうがない。もともと移動の時間が長い時などは、水筒にお茶を入れていたんだもの、それをどこでも持ち歩けばいいのだ。

出かける時は、私と娘の分のお茶を水筒に入れるのが朝の習慣。ほうじ茶、麦茶、コーン茶、ルイボスティ。ローテーションはこんな風。飽きがこず、時間が経っても味にあまり変化のないものをえらんでいます。

今や、よく行く会社などは、「あ、伊藤さんはお茶いいですね」といった風で、適当に放っておいてくれる。ペットボトルのごみ問題も気になるし、自分好み、その日の気分のお茶が飲めるのならば、気も楽だわ。今ではそんな感じに落ち着きました。

終日出かけることの多い娘は、大きめの５００ミリリットル、ちょこちょこ出かけては家に一旦帰ってきたりする私は、３５０ミリリットル。保冷と保温ができるタイプですが、温度は、一年を通して熱々ではなく、ややあったかいくらい。どこでも水筒生活、なかなか快適です。

ステンレスの保温保冷ボトルは数年前に無印良品にて。お茶の入ったやかんと、このボトルがふたつ並ぶ光景は、我が家の朝の風物詩。スマホやハンカチと同じ、出かける時の必需品です。

営業時間は9時から5時

冬はだいたい6時前、夏は4時台には目が覚めます。起きるのが太陽と一緒と言ってもいいくらいかも？　起きるとすぐに床掃除をしたらお茶を淹れ、パソコンを開いて仕事開始。1日のうちで頭が一番冴えているのがこの時間。原稿書きも捗《はかど》ります。

だいたい午前中は、ひとつの仕事（原稿書きや、原稿チェックなど）を終えたら朝ごはんを作ったり、洗濯をしたり。家事がうまい具合に私の気分転換になっています。

9時を過ぎるとスマホに仕事関係のLINEがちょこちょこ入ってきます。なぜ9時か。それは私が自分の営業時間をだいたい9時から5時までと、決めているから。それ以外の時間帯はメールしておいてくださいね、と仕事の相手には、なんとなく伝えているのです。

もともと5時以降は仕事をしないで自分の時間にする、というのを長年死守してきました。仕事から頭を切り離して、ごはんを食べたりお酒を飲んだりするのは、私に取ってかけがえのないひととき。この時間がなかったら、仕事もがんばれないし、能率も下がってしまうことでしょう。

気の合う人とおしゃべりしながらおいしいものを食べる。そうすることでじつは企画を思いつくきっかけにもなったりして。原稿書きの合間に家事をしたり、お酒を飲んでいる時に次の仕事のアイデアがひらめいたり。そう考えると、暮らしと仕事、両方のバランスが取れて、私が成り立っているともいえます。

フリーという仕事は、なかなか区切りがつかないもの。私も20代の頃は、くる仕事をひたすら受けて、がむしゃらに働いていました。でも、ふとこのままでいいのだろうか？　と立ち止まるきっかけになったのは、出産。子育てと仕事をどう両立させるかをここできちんと考えないと、と思ったのです。

9時から5時までという、私の営業時間をまわりの人に理解してもらうには、時間もかかりました。でもそこは、ひとつひとつ説明して。今では、ストレスなく健康的に仕事を進められる環境が整いました。これは本当にありがたいことだと思っています。

「伊藤さんとの仕事は、撮影も打ち合わせも夕方には終わるので、とてもありがたいです」とは、4歳の双子の女の子を育てている仕事仲間の言葉。自分のために始めたことが、こうしてだれかの役に立っているのだ……と思うと、素直にうれしい。

さて、子育ても一段落してこれから先、自分はどんな風に生きていこうか？と考えているところ。まだまだしたいことはあるけれど、果たして体がついていくのかとか、元気でいるために健康のことをもっと考えないととか。住む場所、仕事の仕方、対人関係……思うことはいろいろです。

もしかしたら9時から5時という決めごとを取り払う時が来たりして？　いずれにしても、自分のこれからを考えるのは自分。無理せず、楽しく、進んでいけたらいいなぁ……なんて思っています。

引き出しは浅めに

収納に関しては、棚板をたくさん取りつけたり、本棚を食器棚代わりにしたり、ポリプロピレンの衣装ケースを隠すために壁を作ったり。今まで、ああでもないこうでもないと試行錯誤を繰り返してきました。

その結果、下着やアクセサリーなどこまごましたものは、浅めの引き出しに収納するということに落ち着きました。これ、どうしてもっと早く取り入れなかったんだろ？　と今では不思議に思うくらい便利です。

リビングに置いているこの5段のチェスト、深さ9・5センチの引き出しの1段目はアクセサリー、2段目はメイク道具、3、4段目は下着類、5段目は靴下とタイツを入れています。買った当初は深さが少し足りないかな？　と思いましたが、いざ入れてみるとほどよい深さ。ものが一目瞭然なのです。

じつは下着も靴下も、ここには入りきらないほど持っていたのですが、身につけるのは私ひとり。よくよく考えてみると、そんなに替えは必要ない。時々、買い足していたのを一旦やめ、引き出しに収まる量まで減らしてみました。

結果は？　とくに困ったこともなく、それどころか自分の持ちものをすべて可視化できるようになって、気持ちもおだやか。あれ、どこにあったっけ？　ということがすっかりなくなりました。

朝、ここでアクセサリーをつけ、メイク道具を取り出し、下着をえらぶ。身支度のアイテムはすべてひとつにおさまっているから、すごく楽。木の質感は見た目にもよく、入っているものを美しく見せてくれるんですよ。

上／１段目はピアスやリング、ハンカチなどを。ここを開ければ、お出かけアイテムが一目瞭然。右奥には香水が。

下／チェストはデンマークのデザイナー、アルネ・ヴォッダーのもの。リビングに置くので、シンプルすぎず、どこかにデザインがあるものを、と探した末に見つけたのがこれ。ゆるやかな曲線は、デザインの一部でもあり、じつは持ち手も兼ねているのです。

良いものを買う

「小さいキャリーケース、買ってもいい?」。私が海外出張中、娘からこんな連絡がきました。なんでも「1泊旅行に行くことになったけれど、ちょうどいいバッグが家にない」とか。安いのでいいんだけど……と娘は言うけれど、ちょっと待った！　どうせ買うのだったら間に合わせではなく、その後もずっと使える良いものを買ったほうがいいに決まってる。ちょうど私も、1泊旅行ができるくらいのスーツケースが欲しかったのです。

さっそく百貨店に行き、娘がえらんだのがリモワのパイロットケース。その時、学生だった娘にとって勇気のいる値段だったようですが、そこはスポンサー（私）がいるから安心。私もこれならオッケーに違いないと思ったよう。「蓋が上にパカッて開くからすごく便利！」と、たいそう気に入った様子で旅も快適に過ごせたそう。

その後、どうなったかというと……娘より、私のほうが持つ回数多し。新幹線の足元に置いても荷物の出し入れが楽。フロントなどで慌ててスーツケースを広げて忘れ物を探す、ということもなし。旅先での自分の行動がスマートになったようでうれしいかぎりなのでした。

「良いもの」って値段に比例して高価な場合が多いから、時にひるむこともあるけれど、1度買うとその分大切にするし、ベーシックなものを買えば、長く持てる。結果、すごくいい買いものをした、ということになる。間に合わせでものを買わない、というのは娘の勉強にもなったようですよ。

とりあえずで、ものは買わない

グレーのストールは、30年近く前に私が初めて買ったカシミヤ。娘がリモワのスーツケースを買うのをひるんだように、私もその値段に一瞬たじろぎました。思い切って買ったのは「良いものをえらんだほうがいいよ」というその場に一緒にいた人の言葉に背中を押されたから。

服の出入りはわりと多めの私ですが、このストールだけはずっと変わらず一緒にいます。肌に吸いつくような触り心地、軽やかなつけ心地、コーディネートしやすい色合いなど、すべてがほどよい。冬が終わるとていねいに洗い、畳んでしまって。また秋が来ると出してを繰り返し、今やなくてはならない存在になっています。

スーツケースやストール同様、パールのネックレスもまた「買ってよかった」と思えるもののひとつ。ふだん、仕事の時はピアス以外のアクセサリーをつけることがないので、出番はそう多くはないのですが、つけると気持ちがシャンとする。1連にしたり、3連にして首に沿わせたり、また胸元でくるりと結んだり。何気ないシャツもシンプルなニットも、ちょっとすてきに見せてくれるところがいい。ストール同様いつか娘に譲りたいもののひとつです。

とりあえずで、ものは買わない。買う時は、よーく考えて、良いものをえらぼう。娘には、ものだけではなく、この気持ちも受け継いで欲しい。今は、ピンとこないかもしれないけれど、私くらいの年齢になったらきっと分かるはず。

その時、私は80歳。一緒に買いものに行ったらきっと楽しいだろうなぁ。

ためない

私の営業時間は9時から5時（138頁）。その間、仕事関係のメールとSNSのメッセージは、間髪入れずに返すことにしています。

メールもメッセージも「返信はなるべく速く」を心がけるようになったのは、4年前、365日毎日更新するウェブショップを始めてから。当初5人くらいだったチームが、今では倍以上。取引先の方々を含め、今までとは比べものにならないほど関わる人の数が多くなりました。

チームを引っ張っていく私に一番必要とされるのは決断力。私のところで留めておくとなかなか先に進まない。すると仕事が滞り、みんなに迷惑がかかる。コンテンツのできあがりを左右することにもなりかねません。

いわゆる「社長」と呼ばれる人たちの仕事がスピーディーなのは、ためないからなのだなぁ（驚くことにみなさんだいたい1〜2分で返ってくる。脅威的な速さです）。

SNSのメッセージ同様、メールも見たらすぐに返信するようにしています。じつはこの原稿を書いている最中も、パソコンには頻繁にメールが届きますが、きたらその都度、目を通し、読んだらすぐに返信。撮影のスケジュールや打ち合わせの日程などは、ファイルに振り分け、受信メールは削除します。お知らせメールも見たらすぐに削除。夕方5時には、メールの受信欄は0にするのが日課になっています。面倒？　いえいえ、これがなかなか快適です。だって受信0が「今日はここまで」の合図なのですから。

そうそう、この話を友人にしたら、その彼女、パソコンの中の写真を時おり見直して、いらないものは削除しているとか。たしかにデータが重くなると、どこに何があるのか混乱してしまう。物量として目に見えない分、つい後回しにしてしまうパソコンの中も「片づけ」の対象にしないと……。以来、私も数カ月に一度のわりあいで、写真を整理するようになりました。放っておくと、すぐにたまるんですよねぇ、写真。

「たまる」といえば、iPhone の中もまた然り。

パソコンにきたメール、じつは iPhone には同期していません。つまり、パソコンなしで出かけた時は、メールを見ることができないのですが、それはそれでいいと割り切っています。

撮影や打ち合わせなど、何かしらの用事で出かけているのだから、できるかぎり集中していたい。でないと、ずっとスマホとにらめっこ、心ここにあらずの人になってしまうから。

自分の中に入れる情報量の限界は、自分が一番よく分かってる。ふと気づいた時に、情報に溺れてアップアップしないように、自分で何が必要で、何が不必要かをよーく見極め、必要なところは上手に取り入れ、減らすところは減らし、時には時間を区切り、うまくつきあっていきたいもの。

パソコンの中も、スマホの中も、それから自分の中も「ためすぎない」を肝に銘じ、心穏やかにいきたいものです。

台所には何も置かない

雑誌の連載で、3年近くかけて友人知人の食器棚を取材していました。訪れた家は何軒だろう？　みんなさすが食いしん坊だけあって、食器棚も中に入っている器もバラエティに富んでいるし、台所の使い方もそれぞれ工夫が凝らされていて、毎回、へー！　とか、ほほぅなどと驚きと発見の連続。仕事とはいえ、楽しくて楽しくて毎月のその取材が待ち遠しくもありました。

途中、コロナ禍となり、自分の荷物を見直していた時に出合ったのが、キッチンの上に何も置かないというお宅。水切りかごもなしという潔さで、とにかく気持ちがいいのです。

いいものはすぐに真似するタイプ。帰ってすぐに似たような水切りマットを買い（水切りかごはひとまずしまい）、キッチンのタイルに貼っていたマグネット式のナイフバーを取り去り、菜箸やまな板はシンク下の収納に収めました。

もともとピカピカに磨き上げられた厨房に憧れていた私。もちろん、自宅でそれが実現できるとは思っていませんでしたが、形は似せられる。料理が終わったら、まな板も、調理道具も、キッチンクロスも、さっぱり洗って乾かして。その後、タイルの壁やガス台など、拭けるところはすべて拭き、五徳はその都度、洗って……すべてをピカピカに。

この新しい形の台所、作業はしやすいし、下ごしらえした食材も煮込んでいる途中の鍋の中も、なんだか美しく見える。何より、大きかったのは気持ちの部分。よし、料理をするぞ！　という心構えが前と全然ちがうのですよ。

取材先から帰ってすぐに買ったのが、
このグレーのマット。軽いし場所もと
らず、洗ってもすぐに乾くところが魅
力。これで水切りかごの裏の、ぬるぬ
るともさようなら。1日の終わり、マ
ットを干すのが日課に。

もともと、キッチンにはものが少ないほうでしたが、今や本当に何もない状態。台所仕事が終わったら、拭けるところはすべて拭きあげ、ピカピカに。唯一、置くのを許しているのはステンレスのポットのみ。目指すは、レストランの厨房です。

ガラスの器にたくさん入れて、ガス台横に置いていた菜箸や木べらは、引き出しに。今は、この引き出しの中も、もしかしたらもっとものが減らせるのでは？　と思って調査している最中。菜箸と盛りつけ箸、それぞれ２膳ずつでいいのかも？

小さいのから大きいのまで。10個くらい並べて置いていたまな板は、使うかどうかを見直して、半分ほどの量に。流しの下にディッシュスタンドを置いて、今は4つを順繰りに使っています。

来客30分前に準備完了

家で撮影や打ち合わせがある日は、仕事の漏れがないようにTODOリストを作ります。まずはテーブルにA4の紙とペンを出して、決めなければいけないこと、聞いておきたいこと、伝えたいことなどを思いつくまま書いていきます。撮影の日は、テーマに沿って撮影するものをリストに。

来客1時間前になったら窓を開けて、その日の気分に合ったアロマオイルを焚きます。洗面所の水滴を1滴残さず拭きとって、ハンドタオルを人数分用意。これを1時間くらい前に済ませたら、次にとりかかるのは、お茶の準備。カップを揃えたり、茶葉やお菓子の準備をすべて終える目標は約束の時間の30分前、と決めています。

30分余裕を持たせるのは理由があって、まず一番は自分の心を落ち着かせるため。リストを見ながら、今日1日の段取りを頭に入れるためでもあります。

じつは仕事に限らず、友人たちがやってくる時も一緒。30分前に準備を終え、料理やその日に出す飲みものを書き出します。みんなが来たと同時にワインの栓を開ける、くらいの気持ちで段取るのです。時々、大変じゃない？ なんて言われますが、慌てるよりも準備万端整えるほうがよっぽど気が楽。

冷たいものは冷たく、温かいものは温かいうちに。器やグラスもすべて準備しておけば、あとは時々、台所に立ちながら料理をするだけ。みんなと一緒に楽しむための、段取りというわけなのです。

飲みものは、セルフサービス（20頁）の場合と、私が淹れる場合の2パターンあり。初めてお会いする方や打ち合わせの場合は後者。人数分、用意しておくと慌てずに済みます。

しない。

・「忙しい」って言わない
・ため込まない
・リビングに私物は置かない
・大掃除をしない
・人と比べない
・スマホをなるべく見ない
・ひとりでかかえない
・あわてない
・ものを死蔵させない

・重い鍋は持たない
・くよくよしない
・噂話をしない
・「とりあえず」と「あとまわし」
・午後は（なるべく）炭水化物を食べない
・がんばりすぎない
・ひきずらない
・冷たいものを飲まない

おわりに

これは「する」。
これは「しない」。

時々、
「どっちも」。

迷ったら、
すぐ答えを出さずに、
おいしいものを食べて、
ぐっすり眠る。
気の合う友人とくだらない話をするのもいい。

すると不思議と翌朝には、
頭がすっきりして、
自分の進みたい方向が見えてくるんです。

では、私の進みたい方向って、
なんなのだろう？

そう考えた時に思うのは、

やっぱり、毎日機嫌よく過ごすってことなのかも。

なんといっても、
目指すのは、かわいいおばあちゃんですからね。
口角あげていきたいものです。

これから先、
さらに、「する」「しない」がはっきりするのか、
はたまた、まぁいいか、
なんて思うことが多くなるのか。
どうなるかはわからないけれど、
それもまた楽しみでもある。

とはいえ、
玄関掃除はきっとやめないんだろうなぁ。

2023年5月

伊藤まさこ

伊藤まさこ

1970年、神奈川県横浜市生まれ。文化服装学院でデザインと服作りを学ぶ。料理や雑貨など暮らしまわりのスタイリストとして女性誌や料理本で活躍。自らプロデュースした衣食住にまつわる商品を販売するサイト「weeksdays」を「ほぼ日」と一緒に運営中。おもな著書に『あっちこっち食器棚めぐり』(新潮社)、『おべんと探訪記』(マガジンハウス)、『伊藤まさこの台所道具』『伊藤まさこの食材えらび』『伊藤まさこの器えらび』『夕方 5時から お酒とごはん』『新装版 毎日ときどきおべんとう』(以上、PHPエディターズ・グループ)など多数がある。

ブックデザイン 渡部浩美
題字 松林 誠
撮影 有賀 傑
製版 小川泰由
編集 見目勝美

する、しない。

2023年6月1日 第1版第1刷発行

著者 伊藤まさこ
発行者 岡 修平
発行所 株式会社PHPエディターズ・グループ
〒135-0061 江東区豊洲5-6-52
電話 03-6204-2931
http://www.peg.co.jp/

発売元 株式会社PHP研究所
東京本部 〒135-8137 江東区豊洲5-6-52
普及部 電話 03-3520-9630
京都本部 〒601-8411 京都市南区西九条北ノ内町11
PHP INTERFACE https://www.php.co.jp/

印刷所
製本所 凸版印刷株式会社

ISBN978-4-569-85465-6